V 2640.

papier fort.

23907

DISSERTATION

SUR LES

OUVRAGES

DES PLUS

FAMEUX PEINTRES.

*Dediée à Monseigneur le Duc
de Richelieu.*

A PARIS,

Chez NICOLAS LANGLOIS, ruë
S. Jacques, à la Victoire.

___

AVEC PERMISSION.

MDCLXXXI

A MONSEIGNEUR
LE DUC
DE
RICHELIEU.

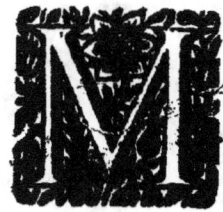ONSEIGNEUR,

Quel Nom plus-illuſtre que
le voſtre pourrois-je mettre à la
teſte de mon Ouvrage, & quel

EPISTRE.

Protecteur pourrois-je luy choisir plus éclairé que vous; qui par l'amour & la connoissance que vous avez de la Peinture; & par ces Tableaux si rares que vous avez recueillis de tous côtez avec tant de soin, m'avez fourni le sujet & la matiere que je traite? Ie vous ay oui dire, Monseigneur, que vôtre dessein estoit de faire, non pas un cabinet de toutes sortes de Tableaux; mais un cabinet parfait de Peinture: que par le premier on ne finit jamais, & qu'on ne fait qu'un amas confus de choses pour la plus part médiocres & incapables de satisfaire l'esprit & les yeux de ceux qui s'y connois-

EPISTRE.

sent ; aulieu que par l'autre, en se bornant à ce qu'il y a de plus achevé, on goûte enfin le véritable & le dernier plaisir que peut donner cét Art. Vous aviez toujours esté persuadé du mérite des premiers Peintres d'Italie, mais vous avez crû en mesme tems que les qualitez qui pouvoient faire la perfection de la Peinture n'avoient pas esté réunies en un seul. Vous saviez, il y a long-tems, qu'il n'y avoit que Rubens qui pust remplir cette idée que vous aviez conceuë, & que cét Homme grand & éclairé en matieres d'état ; habile en politique ; hureux dans les negotiations ; profond dans les Sciences

EPISTRE.

& dans les Arts, eſtimé par tant de Roys, & de Souverains, qui le combloient d'honneurs & de gloire, pouvoit ſeul nous donner des Tableaux parfaits. Car lui ſeul a eſté capable par la force & la vivacité de ſon eſprit, & par la ſolidité de ſes réflexions de penetrer les caracteres des plus beaux Ouvrages. Il en a decouvert les défauts, & en a épuré les principes pour s'en établir de parfaits, & pour s'élever audeſſus du mérite des plus habiles Peintres, dont l'eſprit borné n'a pû égaler ce génie qui avoit reçeu de la nature tous les dons néceſſaires pour le rendre un des plus grands hommes de ſon

EPISTRE.

siécle. Monsieur le Duc de Liancour, voftre illuftre ami, grand Connoiffeur, vous avoit confirmé dans cette vérité, & le Chevalier Digbi, d'un favoir profond, qui dans fes voyages avoit examiné & comparé tout ce qui fe voyoit de plus exquis dans la Peinture, l'élevoit audeffus de tous ceux de fa Profeffion, & ne faifoit en cela que fuivre le fentiment du Roy d'Angleterre fon Maiftre, de qui le gouft eftoit excellent, & qui avoit le plus rare cabinet de l'Europe. Mais vous defefperiez, MONSEIGNEUR, de pouvoir enlever des trefors dont la Flandre devoit eftre auffi jaloufe

A iiij

EPISTRE.

que l'Italie l'eſtoit des Ouvrages
de ces plus fameux Peintres,
lorſqu'il ſe préſenta une occaſion
favorable d'exécuter un projet ſi
difficile. Vous avez ſceu profiter, MONSEIGNEUR, des
rapides conqueſtes de noſtre in-
vincible Monarque : & la Flandre & les autres Provinces ont
laiſſé partir ce qu'elles ont craint
de ne pouvoir conſerver dans les
deſordres d'une guerre, qu'elles
avoient à ſoutenir contre un enne-
my ſi redoutable. Mais au meſme tems que vous avez pû de-
venir le maiſtre de pluſieurs Tableaux de ce grand-Homme, on
a veu par le choix que vous en
avez fait, que vous conſervez

EPISTRE.

un gouſt délicat dans les Arts qui font voſtre plaiſir, comme dans les actions qui ſoutiennent voſtre gloire. Vous aveℤ rejetté des choſes de lui qu'on auroit pû oppoſer aux plus forts Ouvrages des meilleurs Peintres : & vous n'aveℤ gardé que ceux que cét Homme incomparable a laiſſez à la poſtérité pour immortaliſer ſon Nom. C'eſt par ces miracles de Peinture & par la noble émula-tion d'un génie qui ſe ſent capable de tout oſer avec ſuccés, qu'il a voulu ſurpaſſer tous ces grands Hommes, réüniſſant en lui ſeul toutes les qualiteℤ qu'ils n'avoient que ſéparément. L'envie a grondé quelque-tems à l'aſpect de ces beaux Ouvrages qui s'oppoſoient à ſes intereſts, & ruinoient ſes deſſeins : mais les noires & malignes vapeurs de ſon venin ſe ſont diſſipées auſſi facilement que les ombres s'évanouïſſent devant la lumiére du Soleil. Vous ne vous contentez pas, MONSEIGNEUR, de contribuer ſi généreuſement au bien public, & au plaiſir des véritables Connoiſſeurs, en attirant ces belles choſes en France, Vous voulez encore travailler pour la gloire de la Peinture. Car ayant deſtiné ces Tableaux pour Richelieu, vous y allez renouveler par la comparaiſon qu'on en fera avec ces chédœuvres de la Sculpture,

EPISTRE.

que le grand Cardinal, vostre oncle, y a si hureusement ramassez, la fameuse dispute autrefois émeuë entre ces deux Arts lorsqu'ils fleurissoient plus dans la Gréce. C'est dans ce superbe Palais où ces marbres vivans paroistront n'avoir duré tant de siécles, que pour rendre hommage, & ceder enfin à la Peinture ; qui avant ces fameux Peintres d'Italie avoit esté long-tems ensevelie, & que Rubens a élevée au supréme degré de gloire. Dans le dessein que j'ay formé d'en faire connoistre les beautez : peut-estre ne pourray-je pas répondre à l'idée que vous en avez conceuë, & à la connoissance que vous

m'en avez donnée vous mesme en
me faisant part de vos lumieres.
Quel que soit le succès de mon
entreprise, il me suffira que l'effort que je fais ne vous soit pas
désagreable; qu'il plaise aux per-
sonnes desinteressées, qui sont
véritablement éclairées & justes,
& dont je conte moins les suffra-
ges que je ne les pese, à l'exemple
d'Horace, qui ayant peu d'Au-
diteurs mesuroit le mérite de ses
vers, non par la multitude des
approbateurs, mais par l'intelligence du petit nombre. Il me
reste, MONSEIGNEUR, à
vous suplier de trouver bon que je
mette à la teste de la description de
vostre Cabinet, celle que vous

EPISTRE.

avez bien voulu faire de ce terrible Tableau des Reprouvez ce
ché d'euvre de l'Art. Si d'un costé
elle efface les miennes par son brillant, d'un autre, elle soutient mon
Ouvrage, & me donne la con-
fiance que vous le recevrez comme un témoignage de la passion
respectueuse avec laquelle je suis

MONSEIGNEUR

Vostre tres-humble, tres-
obeïssant, & tres-obligé
serviteur, DE PILES.

DISSERTATION

SUR

LES OUVRAGES

DES PLUS

FAMEUX PEINTRES.

J'Ay parlé cy - devant dans les converſations que j'ay données au public, du mérite de Rubens, d'une maniere conforme aux Ouvrages que j'avois vûs de lui : & je ne pouvois raiſonnablement en uſer d'une autre ſorte. Ceux qui avoient vû les Tableaux dont je faiſois la deſcription , & qui fans eftre préoccupez , en avoient jugé par comparaifon avec ceux des autres Peintres , ont témoigné eftre fatisfaits de mes fentimens. Quelques-uns s'y font oppofez avec chaleur ; & quand , pour apprendre leurs raifons de leur propre bouche , j'ay voulu joindre ces fortes de gens , j'ay trouvé que non feulement ils me faifoient dire des chofes aufquelles je n'avois jamais penfé , mais qu'ils n'avoient pas eu mefme la curiofité de lire celles que j'avois écrites. Ils s'étoient contantez de fuivre aveuglément l'opinion des perfonnes qui les trompoient, ou par malice, ou par ignorance,& qui tâchoient de profiter en fegret des véritez qu'ils blâmoient en public , pour intimider les fimples. D'autres , en affez grand nombre , qui n'avoient veu de ce rare Génie que

les

les Tableaux qui eſtoient à Paris , ont ſuſpendu leur jugement entre l'opinion des Peintres vulgaires & celle que j'ay tâché d'établir en faveur de Rubens , juſqu'à ce qu'ils euſſent vû par euxmeſmes , ſi les Ouvrages dont je parlois eſtoient des preuves ſuffiſantes pour juſtifier tout le bien que je diſois de leur Auteur. Ils les ont vûs avec étonnement , & à force de les examiner & de chercher les cauſes des effets qu'ils admiroient : Ces Ouvrages leur ont fait concevoir une ſi grande eſtime pour Rubens , qu'ils ſont aujourd'huy les premiers à parler de luy avec éloge , & les plus attachez à ſon parti.

Mais quoique les Ouvrages ſur leſquels cette bonne opinion eſtoit fondée ſoient d'une tresgrande beauté , j'en veux faire voir d'autres , dont la perfection

eſt capable de donner une idée
de Rubens, plus grande encore
que celle que j'avois moy-meſme
conceuë avant que de les avoir
vûs.

Je ne pretens point parler icy
à ces eſprits preoccupez, & qui
ne jugent que par les yeux d'autruy ; je prie ſeulement les autres de vouloir bien que nous
examinions enſemble ces rares
Tableaux & que nous les met-
tions dans la balance avec les
Ouvrages des plus fameux Peintres, parmy leſquels il ſuffit de
prendre les plus - generalement
eſtimez, comme Raphaël, le Titien, le Correge, Paul Veroneſe,
& le Carache.

Mon intention n'eſt pas de di-
minuer en façon quelconque, par
les comparaiſons que nous allons
faire, le merite de ces grands
hommes, dont les noms ſeront

toûjours en veneration à la pofterité, & qui feront eternellement
eftimez pour les talens qu'ils ont
receus de leur naiffance & de
leurs études. RAPHAEL, pour la
beauté de fon genie, pour le bon
choix de fes formes, pour fon
gouft exquis & fa precifion dans
les mefures, pour la varieté, la
fimplicité & la nobleffe de fes airs
de teftes, de fes attitudes & de fes
ajuftemens; enfin pour cette grace qui luy eftoit naturelle & dont
il affaifonnoit tout ce qui partoit
de fon pinceau. Le TITIEN pour
la verité qu'il a imprimée dans fes
objets peints, pour la force & la
fuavité de fes couleurs, pour le
choix des beaux momens que l'on
voit fouvent dans fes figures, &
toûjours dans fes païfages, dont
les fituations, les couleurs, les lumieres, & les touches font precieufes, pour avoir donné aux

femmes & aux enfans un caractere de grace qui luy eftoit tout particulier , & pour cette fidele &
fçavante imitation de la nature.
LE CORREGE, pour la fineffe & la
fingularité de fes penfées , pour la
pureté de fon choix, pour la nobleffe de fes airs de teftes, la delicateffe & la naïveté de fes expreffions, le grand gouft def on Deffein, quoique peu correct, l'efprit
de fes contours , l'épanchement
de fa lumiere & la douceur de fes
ombres , pour la beauté fingulie-
re de fon pinceau , pour fa maniere grande & vague ; enfin pour
avoir efté un des plus grands Peintres qui fuft & qui fera jamais,
fans aucun fecours que celuy dont
la nature l'avoit pourveu, en luy
donnant un genie facile & une
execution heureufe. PAUL VERO-
NESE pour l'abondance & la gen-
tilleffe de fes inventions, pour la

richeſſe de ſes ajuſtemens, la nobleſſe de ſes figures, la magnifi-
cence de ſes étoffes, la facilité
de ſon travail, la beauté de ſon
pinceau, la vie & le mouvement de
chaque choſe en particulier & du
tout en general, & pour le caractere de verité qu'il a ſceu donner
à tout ce qu'il a peint. Et le CARA-
CHE, pour ſon genie dans les com-
poſitions, pour ſa façon d'orner
riche & majeſtueuſe, pour ſon
grand gouſt, ſa facilité & ſa correction dans le Deſſein, & pour
s'eſtre fait une maniere de toutes
les bonnes qui eſtoient avant luy.

Je ne pretens point pareillement, en faiſant remarquer les
beautez qui manquent dans le
general des Ouvrages de ces
grands Maiſtres, ſouſtenir qu'elles manquaſſent auſſi dans leurs
Tableaux particuliers; Non plus
que je voudrois, en loüant les

perfections de Rubens, fouftenir les fautes qui fe trouveroient dans fes Tableaux, pour petites qu'elles puiffent eftre, mon deffein n'eftant que de comparer le caractere general d'un chacun, lequel fe doit tirer, non d'un Tableau feul, mais d'un certain nombre de leurs plus beaux Ouvrages.

Au refte il femble que les chofes depuis quelque temps fe font tournées d'une maniere qu'il n'eft befoin d'aucun menagement pour expofer la verité : mais quelque difpofition qu'il y ait pour la reconnoiftre, je ne m'attens pas qu'elle trouve entrée fi facilement dans l'efprit de certaines perfonnes, ou qu'elle y faffe fon effet fi promptement : parce que ceux qui ont les yeux accoûtumez aux Frefques de Rome, fans diftinction de ce qui y eft eftimable d'avec ce qui ne l'eft pas, refuferont d'abord de la voir & de l'entendre. Et ceux qui aprés une mauvaife éducation ont paffé une partie de leur vie dans une pratique & dans des fentimens qui luy font contraires, ne voudront pas les changer. C'eft un effet de la foibleffe humaine de ne rien faire qui puiffe decouvrir que nous ayons efté capables de demeurer fi long-temps dans l'erreur, quoy que cela ne vienne pas toûjours de noftre faute. Il n'eft pas donné à tout le monde de recevoir la verité; il n'y a que les grandes ames qui ayent affez de lumieres pour la connoiftre, & affez de force pour la fuivre en tout temps & en tout lieu.

Je n'entreray point dans le détail des Ouvrages de ces grands Peintres que j'ay nommez, je fuppofe qu'on ait affez veu de leurs Tableaux pour s'en eftre fait une

idée, & la difposition entr'autres
que je demande à ceux qui fe don-
neront la peine de lire ce difcours,
c'eft qu'ils ayent un peu goûté
Rubens par la veuë de fes plus
beaux Ouvrages. Car quoi qu'il
y ait ce femble une obligation de
faire toûjours bien ; ce feroit une
injuftice de juger de la capacité
des gens par le premier Ouvrage
que le hazard nous prefente. Ceux
de Rubens comme de tous les autres Peintres ont leurs differens
degrez de beauté felon les temps
où il a travaillé, les perfonnes pour
lefquelles il deftinoit fes Ouvrages, & les lieux où ils devoient
eftre placez. Et l'on ne doit porter un jugement raifonnable de fa
capacité, que fur la veuë, ou des
Tableaux qu'il a peints luy-mefme
dans la force de fon âge, & qu'il
a voulu laiffer à la pofterité comme un monument de fa gloire,
ou

ou de ceux qu'il a faits pour les Empereurs, pour les Roys, pour les Princes Souverains, pour les Eglises, & pour ses amis, quand il a voulu leur donner des marques de son estime & de son amitié. La chasse aux Lions, par exemple, & la chûte de S. Paul ont esté faites pour le Roy de Pologne, & quatre autres chasses pour le Duc de Baviéres; le S. Georges & la veuë de Cadis pour le Roy d'Angleterre; les Pelerins d'Emaüs, & la Madelaine chez Simon le Pharisien pour l'Empereur; la chûte des Réprouvez, pour l'Evesque d'Anvers son intime amy, le Siléne pour sa famille, & le bain de Diane pour luy-mesme.

Les Tableaux d'Eglise & ceux entr'autres qui sont exposez aux principaux endroits, & qui sont encore des preuves légitimes de

C

ſa ſcience, ſont par exemple, le ſaint Roch, la Deſcente de croix, pluſieurs Adorations des Roys, pluſieurs Aſſomptions de la Vierge, ſa Purification, ſa Viſitation, les Miracles de ſaint Ignace & de ſaint François Xavier; & pluſieurs ſemblables Tableaux qui font l'ornement des principales Egliſes des Païs bas, & qui peuvent ſe voir en eſtampe.

C'eſt, dis-je, par la veuë de ſemblables Ouvrages que l'on peut connoiſtre l'étenduë du genie de Rubens & la perfection dont il a eſté capable.

Les Tableaux qui ſont dans le Cabinet de M. le Duc de Richelieu ſont non ſeulement de cette nature, mais ils en ſont l'élite: & dans la verité, on ne ſçauroit trop admirer l'heureuſe deſtinée de ces beaux Ouvrages, d'eſtre tombez entre les mains d'un grand Seigneur qui leur fait un accueil digne de fa connoiſſance.

Il a bien jugé d'abord par les premiers Tableaux qui luy ſont venus de Rubens, que ce grand-Homme avoit eſté capable d'en peindre encore de plus beaux, & pour en faire la recherche, il s'eſt mis audeſſus des difficultez, & n'a épargné, ny temps, ny ſoins, ny dépenſe. L'état de perfection où ces Tableaux ſont montez, m'a fait naiſtre l'envie de les décrire, afin d'examiner le mérite de Rubens en comparant ſes Ouvrages avec ceux des Peintres les plus généralement eſtimez, & les progrés que cét homme rare fait tous les jours dans l'eſtime des Connoiſſeurs qui ſont ou Curieux ou Peintres, ont fortifié cette penſée.

Mais pour faire cette juſte comparaiſon, il faut avoir le

gouft & les yeux épurez. J'entends par le gouft épuré, un efprit vuide, non feulement de cette prévention groffiere qui s'empare fi facilement des efprits médiocres : mais encore de celle, qui fe gliffant infenfiblement dans les meilleurs, par l'éducation, ou par une créance trop facile, ne montre les chofes que par un cofté, & ne laiffe plus de liberté pour voir & pour examiner les autres. Telle a efté la prévention des Romains qui n'eftimoient que Raphaël, des Florentins qui luy préferoient Mikélange, & de l'Ecole de Venife qui tenoit pour le Titien, comme celle de Bologne a depuis fait pour les Caraches. Et par des yeux épurez, j'entends cette pénétration naturelle, qui ne laiffe rien échaper, & qui voit tout ce qu'il y a à voir dans un

Ouvrage. Car tous ceux qui regardent des Tableaux ne les voyent pas entierement, & la raison en est, qu'il ne faut pas seulement les regarder des yeux du corps, mais encore de ceux de l'esprit, & que cét esprit ne donne entrée aux choses que selon la proportion qu'il a avec elles. Il faut en un mot pour bien juger de la Peinture, avoir l'esprit d'une grande étenduë, parce que ceux qui l'ont borné & qui ne sçauroient posseder la théorie des principales parties de la Peinture, distinctement & toutes ensemble, jugent cependant de toute la Peinture par rapport seulement à la partie qu'ils connoissent. Un homme, par exemple, qui sçaura bien l'Histoire & la Fable ne donnera son approbation à un Tableau, qu'à mesure que l'une ou l'autre

C iij

y fera fidelement réprefentée.

Ceux qui aiment l'Antique ne croyent pas qu'on puiffe faire un beau Tableau s'il n'y entre de l'Architecture, & fi les figures peintes ne reffemblent aux Statuës & aux Bas-reliefs antiques. D'autres au contraire, qui ont efté élevez dans le gouft Lombart, difent que l'antique n'eft bonne que pour les Sculpteurs, & pourveu que les chofes paroiffent veritables, & que les lumieres & les couleurs y foient bien entenduës, ils fe foucient fort peu que les formes en foient correctes. Tel qui aime la Geometrie, ne regardera que les mefures & les proportions de chaque corps avec fon plan; il rapportera tout à des lignes, & ne croira pas qu'un Peintre foit habile s'il ne fçait les élémens d'Euclide. Il examinera, pour ainfi dire, juf-

ques aux feüilles des arbres, & ne
contera pour rien l'union des
couleurs & l'effet du Tout-enfem-
ble. Il y en a qui croyent que tout
confifte dans la correction du
Deffein; d'autres dans l'expreffion
des paffions de l'ame; & plufieurs
enfin s'imaginent qu'ils font obli-
gez de trouver toûjours quelque
chofe à redire, pour eftre repu-
tez Connoiffeurs, & pour ne pas
perdre la réputation qu'ils prétendent avoir de perfonnes éclairées en toutes chofes. Ainfi, perfonne ne porte fa connoiffance
au de-là des bornes de fon efprit:
celuy-là aime une chofe, & celuy-
cy une autre, & tous jugent par
raport à leur capacité.

Cependant il eft raifonnable
d'eftimer tout ce qui eft beau;
mais par mal-heur tout ce qui eft
beau ne nous le paroift pas toûjours, & quand noftre efprit n'eft

C iiij

pas d'une grande étendue, nous ne pouvons aimer plusieurs choses à la fois, ou si-tost que nous commençons de trouver une chose bonne & aimable, une autre que nous aimions auparavant nous devient indifferente.

Supposé donc qu'un esprit ne soit point borné aux connoissances ordinaires, ny gasté par la prévention, il ne reste plus que de se faire une idée juste & parfaite de la Peinture, afin qu'en comparant plusieurs Tableaux, on en puisse juger sur cette idée, & que selon qu'ils auront plus ou moins de conformité avec elle, on en conçoive plus ou moins d'estime. Mais avant que d'entrer dans le détail des parties de la Peinture, il est bon de vous en donner une veuë generale : & pour éviter la confusion nous ferons la comparaison des Peintres, & l'application de leurs Ouvrages aux parties de la Peinture à mesure que nous en donnerons l'idée. Commençons par celle qui est generale.

IDE'E DE LA PEINTVRE
en general.

LA Peinture est la parfaite imitation des objets visibles. Sa fin est de tromper la veuë : & ses proptietez d'instruire fortement, & d'émouvoir les passions.

. Mais toutes ces choses qui se doivent toûjours supposer, parce qu'elles sont essentielles, demeureroient froides & languissantes sans le secours des perfections qui en relevent le prix. Et de mesme qu'il ne suffit pas d'estre homme essentiellement, & d'avoir un corps & une ame

pour eftre un homme parfait, &
qu'il faut ajoûter à cette effence
l'habitude des fciences & des
vertus : de mefme auffi, il faut
joindre à l'imitation des objets
vifibles, qui eft l'effence de la
Peinture, des qualitez qui par-
tent du jugement, de l'efprit, &
du genie du Peintre, de forte
que felon qu'un Peintre aura
plus de folidité de jugement,
plus de lumiere d'efprit, & plus
de grandeur & d'élévation de
genie, il doit faire de plus beaux
Ouvrages, fuppofé comme j'ay
dit, cette effence de la Peinture
qui eft la bafe de fes perfections : Et ces perfections fe
font voir, par exemple, dans l'a-
bondance & la richeffe des inventions ; dans l'érudition, &
dans la netteté des fujets allego-
riques ; dans la fineffe des expreffions. Elles confiftent encore à

donner du mouvement & de la
vie aux objets ; à faire entrer
dans une compofition tout ce
qui convient au fujet que l'on
traite pour le rendre complet &
agréable, & à n'y rien admettre,
que ce qui contribuë à fon expreffion ; à donner à chaque chofe fon veritable caractere, & enfin à tromper agreablement les
yeux d'un homme, qui a de l'efprit, & qui fçait entrer dans celuy du Peintre & dans les fujets
qu'il traite.

Voilà l'idée générale de la
perfection de la Peinture, fai-
fons-en maintenant l'application
aux Ouvrages des plus fçavans
Peintres que nous comparerons
en mefme-tems à Rubens. Commençons par l'effence de la
Peinture qui eft l'imitation des
objets vifibles.

C'eft icy où Raphaël, & l'Ecole Romaine ne font que d'une médiocre confideration; puifque de l'aveu de tout le monde, ils n'ont pas eu au point que l'ont poffedée les Lombards, la partie qui trompe les yeux, & que nous appellons effentielle. Et de tous les Lombards celuy qui l'a le mieux entenduë, & qui a le plus aproché de la nature, a efté fans doute le Titien.

Il eft vtay que cét excellent homme a peint les objets qu'il a réprefentez d'une grande force, d'une grande union, & leur a donné un grand caractére de vérité, principalement aux carnations qu'il a imitées avec beaucoup de foins & de recherches, & que par cette exactitude il a mérité la palme dans le genre des Portraits : mais il eft vray aufli que Rubens ne tendant qu'à l'effet de fon Ouvrage, il l'a

monté d'un ton plus haut, &
l'a élevé jufqu'aux fraifcheurs &
au brillant de la nature, & qu'en
cela il eft au deffus du Titien, comme le Titien eft au deffus de Paul
Veronéfe : du refte il ne luy ce-
de, ny en force, ny en union ; &
ce que le Titien paroift n'avoir
fait qu'avec beaucoup de tems,
de réflexion & d'atache. Rubens
l'a executé avec promptitude,
avec fcience & avec liberté comme le Maiftre & le Souverain de
fon Art. Son genie mefme, tout
élevé qu'il eft, luy a permis de
defcendre fouvent jufques aux
minuties qui rendent de prés l'i-
mitation plus parfaite, par la varieté & la répétition des teintes ;
mais comme ce n'eft plus que
l'effet d'une grande patience,
quand on poffede une fois la
chofe à fond, & que ce travail
convient plûtoft aux Portraits &

aux Tableaux d'une grandeur
mediocre, Rubens qui se plaisoit
aux grands Ouvrages, mettoit
tout son Art en l'effet que doit
faire un Tableau dans sa distan-
ce: car ses teintes sont aussi pre-
cieuses & aussi vrayes que celles
du Titien, & toute la différence
qui est entr'eux sur cét article,
c'est que Rubens estant plus fer-
me dans ses principes, & que sa-
chant parfaitement donner à ses
couleurs leur véritable place, il
les employoit avec plus de
promptitude & de liberté, &
leur laissoit par ce moyen tout
l'éclat dont elles ont besoin pour
imiter parfaitement les beautez
vivantes de la nature.

Pour les expressions: soit qu'elles paroissent dans le mouvement
du visage, ou des autres parties
du corps; soit que l'occasion les
demande douces ou violentes;

soit enfin qu'elles regardent les
figures particulieres ou le caractere du sujet tout ensemble,
Rubens a eu autant d'avantage
en cette partie que Raphaël, &
qu'aucun autre Peintre, & l'on
peut mesme assurer avec beaucoup de fondement qu'il l'a sur-
passé dans l'expression generale
du Tableau, & qu'il est entré
plus avant dans le caractére du
sujet & de l'action, qui doit estre
une, & à laquelle tout doit con-
courir : il y a répandu plus de
feu, plus de vie, & plus de vérité; & l'on en sera facilement
convaincu si l'on veut comparer
les mesmes sujets qu'ils ont traitez l'un & l'autre, comme celuy
des Innocens; de la Madelaine
chez Simon le Pharisien, &c. les
Batailles qu'ils ont faites, comme
celle de Constantin par Raphaël,
avec celle des Amazones par

Rubens; & les autres grandes compositions qui sont sorties de la main de ces deux Peintres.

Déscendons presentement dans le détail des parties de la Peinture, desquelles je tâcheray de vous donner l'idée avec toute la justesse qui me sera possible, & dont personne ne pourra disconvenir. Ces parties sont, l'Invention, la Disposition, le Dessein, & le Coloris.

L'Invention.

L'Invention est une partie de la Peinture qui trouve les objets nécessaires dans la composition du Tableau, & cette partie demande trois choses ; de l'imagination ; de la prudence ; & de l'érudition. Paul Véronese imaginoit facilement, Raphaël qui n'avoit pas tant de feu, mais qui l'avoit mieux reglé, imagi-

noit

noit prudenment , & Rubens imaginoit vivement , prudenment & savanment ; & l'on peut dire qu'en naissant la nature l'avoit abondanment pourveu de ce feu celeste que déroba Prométée, & qui est commun aux bons Peintres & aux bons Poëtes. Et quoy que son imagination fût feconde, & que les objets s'y presentassent en foule, il ne s'en laissoit neanmoins pas accabler; son jugement & sa prudence en prenoient seulement, ce qui devoit contribuer tant au plaisir des yeux, qu'à l'expression de son sujet, & il en retranchoit ce qui estoit inutile ou peu convenable.

Mais tous ces objets qui étoient imaginez avec facilité, & choisis avec prudence, portoient avec eux une erudition profonde quand le sujet le demandoit

D

ainsi, & principalement quand il
estoit allegorique, comme on le
voit par le Livre de l'entrée du
Cardinal Infant dans la Ville
d'Anvers, dans lequel les alle-
gories sont toutes fondées sur
l'Antiquité : car Rubens a esté
non seulement un savant Peintre,
mais encore un savant homme
dans toute sorte de litterature.

La Disposition.

La Disposition est une economie qui distribuë les objets de
maniere qu'il en resulte un effet
avantageux.

Rien n'est plus necessaire dans
la Peinture que cette partie, &
c'est bâtir sur le sable que de terminer les choses qu'on aura in-
ventées, si elles ne sont placées
dans un lieu qui les fasse paroître
avec avantage, & dans lequel

elles puissent recevoir des lumiéres & des ombres qui donnent de
la force aux objets, & qui fassent
reposer la veuë. Une disposition
malentenduë est un défaut, que
ny le travail, ny le tems ne sau-
roient réparer. Si au contraire
les objets se trouvent bien placez, les autres choses s'y joignent
facilement, & comme d'elles-
mesmes, en sorte qu'à mesure que
l'on apportera de soin aux objets particuliers bien disposez,
on embellira le Tout-ensemble.

C'est dans ce sens que Menan-
dre se vantoit d'avoir fait sa Co-
medie quand il en avoit disposé
les Scenes, bien qu'il n'en eût
pas commencé le premier acte.

Cette economie n'a esté con-
nuë qu'en partie par les Peintres
mesmes les plus habiles. Elle
comprend quatre choses, les
attitudes, les plis des draperies,

les groupes, & l'effet du Tout-
enfemble. Raphaël & les autres
habiles Peintres ont excellem-
ment pratiqué les deux premieres : mais ils n'ont qu'effleuré la
connoiffance des groupes &
l'harmonie de tout l'Ouvrage, à
la referve du Titien, qui d'un
autre cofté n'a pas efté toûjours
heureux, ny dans les plis des draperies, ny dans les attitudes. Un
groupe eft un affemblage d'objets dont les parties éclairées
font une maffe de lumiere, & les
parties ombrées une maffe d'ombre ; & cela fe fait ainfi pour re-
pofer la veuë d'efpace en efpace,
& pour empefcher qu'elle ne foit
partagée en plufieurs rayons par
la trop grande multiplicité des
figures feparées.

Et l'harmonie du Tout-enfem-
ble, eft un accord de couleurs
& de lumieres ; qui doivent con-

courir à rendre le principal objet plus fenfible. C'eft encore une
fubordination des groupes particuliers, dont les plus foibles
cedant au plus forts, contri-
buent enfemble à n'en faire
qu'un : & c'eft ce que Titien apel-
loit la grappe de raifin.

Raphaël à la verité à exellem-
ment bien entendu l'affemblage
des figures : mais il a ignoré celuy des ombres & des lumieres
auffi-bien que l'effet du Tout-
enfemble. Le Correge qui a eu
de la delicateffe, & de la fingularité dans fes compofitions;
& qui a drapé d'un grand gouft,
n'a point eu de beau choix dans
fes attitudes. Paul Veronefe
a tres-bien entendu l'harmonie
des couleurs, mais il n'a pas connu l'artifice des groupes non plus
que le Carache. Rubens feul a
reduit cette economie dans fa

perfection : il a donné de la noblesse, du mouvement, & de la verité à ses attitudes ; il a drapé d'un grand goust, & a mis les plis bien à leurs places pour conserver le nud, en imitant toujours la varieté des étoffes. Pour les groupes, & l'effet du Tout-ensemble, jamais Peintre ne les a si bien entendus ; & ce qui paroist en cela n'estre fait qu'avec peine dans les Tableaux du Titien, coule de source dans ceux de Rubens : & le caractere le plus sensible qui fait reconnoître ses Ouvrages, c'est la surprise & l'effet extraordinaire qu'on y remarque.

Le Dessein.

L'idée ordinaire du Dessein est conceue par ces paroles. C'est une partie de la Peinture qui donne aux corps leurs juftes proportions.

Cette forte de Deffein dépend abfolument des mefures, & par conféquent de la regle & du compas ; l'habitude en eft toute corporelle , & doit eftre, comme difoit Mikelange , dans les yeux : & quoi qu'un Peintre n'ait pas encore cette habitude tout-à-fait bien affermie, il pourra nean-moins avec de la patience redui-re fes figures dans la perfection que demandent les regles ; ce qui ne fe peut faire dans les autres parties de la Peinture qui font toutes fpirituelles. Ainfi ce n'eft point fur cette precifion de me-fures feulement, que je pretends louër le Deffein que je vois dans un Tableau ; je la regarde, quand elle eft toute feule , comme l'ob-jet des jeunes étudians qui font dans les élemens de la Peinture,

& qui doivent chercher à se faire
une habitude consommée dans
cette partie si nécessaire ; & il
ne faut qu'un travail assidu & un
esprit médiocre pour y arriver.

Il y a une autre sorte de Dessein,
tout spirituel, & dont peu de
Peintres ont esté capables, lequel suposant toujours la justesse
des mesures, & l'habitude des
yeux & de la main, a sa résidence
dans l'esprit du Peintre. Il consiste à imprimer aux objets peints
la verité de la Nature, & d'y rap-
peller les idées de ceux que nous
avons souvent devant les yeux,
avec choix, convenance & varieté : choix, pour ne pas prendre indifférenment tout ce qui
se rencontre ; convenance, pour
l'expression des sujets qui demandent des figures, tantost d'une
façon & tantost d'une autre ; &
varieté pour le plaisir des yeux,
&

& pour la parfaite imitation de la nature qui ne montre jamais deux objets semblables.

Raphaël & le Carache ont pratiqué sans contredit l'une & l'autre de ces deux idées du Dessein : & si par la premiere l'on juge de Rubens sur les Ouvrages qu'il a faits à la haste, ou dans sa jeunesse, ou sur ceux qu'il a fait executer par ses Disciples, on le trouvera fort éloigné de Raphaël & du Carache: mais si l'on veut lui faire justice, & juger de son Dessein sur les Tableaux qu'il a faits, comme nous avons dit, dans son loisir & pour sa gloire, on le trouvera savant en cette partie. Et si l'on m'objecte que dans ces Tableaux-là mesme, il y a encore des fautes contre la correction des mesures, je repondrai qu'on en rencontre dans Raphaël & dans le Carache, quand on veut

E

regarder leurs Tableaux sans prevention, & se donner la peine de les examiner.

La seconde idée du Dessein que je viens de donner regarde tout l'Ouvrage en general, & vous trouverez que jamais Peintre ne l'a mieux entendu que Rubens dans les grands sujets qu'il a traitez.

Si l'on ne veut envisager le Dessein que dans une figure particuliere & le chercher dans sa derniere perfection, l'on ne peut nier qu'il ne soit composé de deux choses, dont l'une consiste dans la proportion des membres, & l'autre dans l'esprit du contour. La premiere fait que ce que l'on dessine est, par exemple, le corps d'un homme, mais la seconde y donne l'ame, & fait que ce corps paroît veritablement de chair, & qu'il est plein de sang & de vie.

Un Peintre qui doit eſtre un parfait imitateur de la nature, n'eſt
pas moins obligé à l'un qu'à l'autre : & il eſt certain que Rubens a
beaucoup d'avantage ſur Raphaël
& ſur le Carache dans l'eſprit du
Contour. Cela ſe peut voir aiſément en comparant les plus
belles eſtampes de l'un & de l'autre; le jugement de Paris, par
exemple, qui eſt une des plus
belles de Raphaël avec le ſaint
Michel de Rubens, ou telle autre que l'on voudra, pourveu
que les Graveurs en ſoient habiles. Si quelqu'un pouvoit là
deſſus le diſputer à Rubens, ce
ſeroit le Correge; car les Contours de ſes figures ſont non ſeulement d'un bon gouſt, mais ils
portent avec eux un caractere de
chair, & d'une chair delicate :
ainſi la correction du deſſein,
dont la plus part ne conçoivent

qu'une imparfaite idée, confiste autant dans cét esprit du Contour, que dans la justesse des mesures ; puisque rien ne peut estre correct, où il y a défaut de quelque chose.

Mais si dans l'éfroyable quantité d'Ouvrages qu'a fait Rubens, l'abondance de ses pensées & la rapidité de son génie ne luy ont pas permis de réfléchir continuellement sur la régularité de son Dessein, il en avoit neanmoins assez pour satisfaire ceux qui ont le plus de connoissance de cette partie. Il possedoit parfaitement l'Anatomie qui en est le fondement, il dessinoit d'une grande maniere, d'un grand goust & d'une facilité merveilleuse des figures de toutes proportions & des animaux de toutes les especes : si son goust de dessein ne sent pas l'Antique, il a d'autres

delicateſſes qui ont leur merite.
On ne peut pas à la verité s'atta-
cher à des proportions plus belles
& plus élégantes que celles des
Statuës antiques ; mais il faut en
ſavoir oſter la crudité & la ſé-
chereſſe dans les parties du corps
comme dans les draperies. Les
anciens Sculpteurs ont eu leur
raiſon pour en uſer comme ils
ont fait ; ils eſtoient certains que
quoi qu'ils fiſſent, ils ne pourroient jamais perſuader entierement les yeux, & faire croire que
le nud de leurs Statuës ſont de veritables chairs, & leurs draperies
de veritables étoffes : ils ſe ſont
attachez avec plus de raiſon à
fraper la veuë par la majeſté des
attitudes, par la grande correction, la delicateſſe & la ſimpli-
cité des membres, évitant toutes les minuties, qui ſans le ſe-
cours de la couleur ne peuvent

qu'interompre la beauté des parties ; tout cela est tres-beau , &
il est impossible de tirer du marbre aucune chose qui puisse fla-
ter le goust davantage , ni donner plus d'admiration. Mais les
Peintres qui ont de quoy imiter
la nature plus parfaitement , ne
doivent pas se borner aux Ouvrages anciens , ni les imiter en
cela ; ils ne s'en doivent servir
tout au plus que comme des
moyens pour faire choix de la
belle nature dont les Statuës antiques tirent toute leur beauté.
Rubens a puisé à la mesme source, il a cru ne pouvoir mieux
chercher les beautez de la Nature que dans la Nature mesme.
Il l'a choisie autant que celle de
son païs luy a pû permettre, en y
ajoûtant ce que son idée lui
fournissoit de grand & de noble ;
mais toujours convenable à son

fujet. En effet, les Baccantes &
les fatires qu'il a peints, par exemple, font d'un auffi beau choix
dans leur efpece, que Diane &
fes Nimphes dans le Tableau du
bain de cette Déeffe le font
dans le leur. Il avoit étudié avec
la derniére exactitude les principes du Deffein : j'ay vû les recherches profondes qu'il en avoit
faites, & ceux qui auront une
veritable connoiffance de cette
partie, admireront plûtoft fon
fçavoir qu'ils ne s'amuferont à
critiquer les fautes qui s'y font
gliffées par inadvertance.

Et certes à voir la fermeté &
la réfolution de fes contours, on
diroit que l'habitude qu'il avoit
de deffiner, luy avoit efté plûtoft
donnée de la Nature en pure
grace, qu'il ne l'avoit receue de
la regle & du compas : fon efprit
étoit fi grand, fa main fi legere,

& son génie si facile, qu'il faisoit
absolument ce qu'il vouloit.
Ainsi s'il ne s'est pas si fort arresté
au goust de l'Antique, ce n'est
point par impuissance, c'est qu'il
n'y trouvoit point assez la vérité
du Naturel dont il vouloit estre
un parfait imitateur. Il estoit bien
persuadé, comme il est vrai, que
la diversité de la Nature est une
de ses plus grandes beautez, &
il ne trouvoit pas qu'en s'atta-
chant aux Statuës & aux Bas-
reliefs, il pût se satisfaire assez
pleinement. L'esprit de l'homme
n'est pas infini, il a des bornes,
& aprés un certain nombre de
figures, ou d'airs de testes dont
le Peintre a rempli son idée d'a-
prés l'Antique, ou autrement, il
ne peut en faire davantage sans
tomber dans une repetition en-
nuieuse. Rubens a évité d'autant
plus cette repetition, qu'il avoit

de grands Ouvrages à faire, &
qu'il fentoit que la Nature n'eftoit point une carriere trop ample pour la vaſte étendue de fon
génie; auſſi n'eſt-il pas poſſible
de remarquer dans quelqu'un de
ſes Ouvrages, de quelque ſuite
qu'il puiſſe eſtre, je ne dirai pas
deux figures ſemblables, mais
meſme deux aſpects de teſte,
deux mains, ni quelque autre
partie que ce ſoit.

S'eſtant donc propoſé la Nature comme l'objet de ſes études
& de ſes refléxions; il a obſervé
exactement, & avec un jugement
admirable, le veritable caractére
des choſes, ce qui les diſtingue
les unes des autres, & qui les
fait paroître ce qu'elles ſont à
nos yeux : & il a pouſſé cette
connoiſſance ſi loin, qu'avec une
hardie, mais ſage & ſçavante
exagération de ce caractére, il a

rendu la Peinture plus vivante
& plus naturelle, pour ainſi dire,
que la Nature meſme. C'eſt dans
la veuë de cét heureux ſuccés
qu'il ne s'eſt pas mis ſi fort en
peine de ſe remplir l'idée des
contours Antiques, dont la plus
part étant imitez avec trop d'a-
fectation, portent avec eux une
idée de pierre qu'ils communi-
quent infailliblement aux Ouvrages de ceux qui s'y ſont trop
attachez ; au lieu que les contours de Rubens, comme nous
avons dit, donnent au nud un
véritable caractére de chair, telle qu'il l'a voulu répreſenter ſe-
lon les âges, les ſexes & les conditions. Car on voit cette diverſité dans les ſujets qui la demandent ; dans le ſaint George, par
exemple, elle paroît avec un
merveilleux artifice ; le Saint &
la Pucelle ſont d'une proportion

digne de leur qualité, & conforme aux perfonnes Royales, fous
la figure defquelles elles font
réprefentées. Ces deux figures
font à la vérité d'une attitude
majeftueufe, d'une grace & d'une
nobleffe à infpirer du refpect:
mais toutes ces circonftances paroiffent d'autant plus, que Rubens ayant deffiné la fille d'une
proportion tout-à-fait delicate,
a fait les trois femmes qui font
au prés, d'une taille moins avantageufe. Toutes les autres figures du Tableau font deffinées
d'une proportion differente, felon la diverfité de leur condition
& de leur âge, qu'elles font encore mieux paroître par leur oppofition: Et les païfans qui font
fur l'antre du dragon, ne font
pas moins beaux dans leurs mefures que les Soldats, les jeunes
femmes, les vieilles & les enfans

le font dans les leurs ; tout y eſt d'un grand faire & d'un Deſſein ꞓorreᵭt & reſolu. Dans le païſage ꞓe la veuë de Cadis, dont la forme lui a inſpiré d'en faire un ſujet heroïque, & d'y repreſenter l'arrivée d'Uliſſe en l'Iſle de Corcire, les figures y ſont nobles ; & dan. les veuës de Flandre, où il a traitté des ſujets champeſtres, il y a mis des figures qui dans leur proportion & leur état de païſans ſont admirables.

Tout cela vous doit faire voir, que Rubens étoit un grand Deſſinateur ; & ſi vous n'en eſtes pas convaincu par tout ce que je viens de vous dire, ſoyez-le par la veuë de ſon Tableau de la chute des Réprouvez, dans lequel vous verrez plus 200. figures nuës, en des attitudes differentes, extraordinaires, deſſinées d'un grand gouſt, & d'un grand

Art, & qui ne pouvant eftre co-
piées d'aprés la Nature, parce
qu'elles font toutes en l'air, ne
peuvent partir que d'une main
favante, & d'un génie confom-
mé dans l'habitude du Deffein.

Le Coloris.

Le Deffein dont nous venons
de parler eft la place & la cir-
confcription des figures, le Coloris en eft l'effet, & cette derniere partie qui donne le caractére au Peintre, qui le diftin-
gue d'avec le Sculpteur, & qui
met la derniére perfection à fes
Ouvrages, n'eft autre chofe que
l'intelligence des couleurs, des
lumiéres & des ombres.

Dieu en créant les corps a
fourni une ample matiére aux
créatures de le louër & de le reconnoître pour leur Auteur:

mais en les rendant colorez & visibles, il a donné lieu aux Peintres de l'imiter dans sa toute-puissance, & de tirer comme du néant une seconde nature, qui n'avoit l'estre que dans leur idée. En effet, tout seroit confondu sur la terre, & les corps ne seroient plus sensibles que par le toucher, si la diversité des couleurs ne les avoit distinguez les uns des autres. Le Peintre qui est un parfait imitateur de la Nature doit donc considerer la couleur comme son objet principal; puisqu'il ne regarde cette mesme Nature que comme imitable, qu'elle ne luy est imitable qu'à cause qu'elle est visible, & qu'elle n'est visible que parce qu'elle est colorée.

La veritable science du Coloris ne consiste pas à donner aux objets peints la veritable couleur du na urel, mais à faire en forte qu'ils paroiffent l'avoir : parceque les couleurs artificielles ne pouvant atteindre à l'éclat de celles qui font en la Nature, le Peintre ne peut les faire valoir que par comparaifon, foit en diminuant les unes, ou en exagérant les autres. Un Peintre qui imite fimplement les couleurs du Naturel, telles qu'il les voit, & qu'elles paroiffent, eft l'efclave de la Nature, & non pas fon imitateur. Il doit favoir que fes couleurs diminuent quelques-tems aprés qu'elles ont efté employées, que la diftance en ternit l'éclat, que fa toile eft une fuperficie plate, & qu'enfin il ne peut furmonter ces trois obftacles fans une parfaite connoiffance de la valeur des couleurs, & fans une favante exagération qui donnant plus de relief aux objets, & rendant leurs

caractéres plus fenfibles renferme
le plus grand fecret du Coloris.

Tout le monde fçait que l'E-
cole Romaine n'a eu que tres-
peu de connoiffance en cette
partie, & que les Caraches & le
Correge mefme en laiffent tout
l'avantage à celle de Venife : il
nous y faut donc reftraindre.

Paul Veronéfe a tres-bien entendu l'harmonie des couleurs,
mais il n'a point connu toute
leur force, ni tout l'artifice du
clairobfcur qui en eft le fondement. Titien a fceu parfaitement
l'accord & la force des couleurs,
principalement dans les figures
particulieres qu'il a travaillées
avec un foin qui les rend égales
à la Nature ; Rubens a poffedé
toutes ces chofes, & fi l'on trouve qu'il ait efté furpaffé par l'é-
xactitud du Titien en voyant
leurs Ouvrages de prés, il s'eft
mis

mis au deſſus de luy quand ces meſmes Ouvrages ſont regardez dans leur diſtance, parce qu'il a connu plus parfaitement encore la force de ſes couleurs, il les a montées plus haut, & a pouſſé plus loin l'intelligence des groupes, & l'économie du Tout-enſemble. La Peinture n'eſt point faite pour eſtre veuë de prés, non plus que la Poëſie :

Vt Pictura Poëſis erit ; quæ,
ſi propius ſtes,
Te capiet magis ; & quædam,
ſi longius abſtes. dit Hor.

& il ſuffit que les Tableaux faſſent leur effet du lieu d'où on les regarde, ſi ce n'eſt que les Connoiſſeurs, aprés les avoir veus d'une diſtance raiſonnable, veuillent s'en approcher en ſuite pour en voir l'artifice : car il n'y a point de Tableau qui ne doive avoir ſon point de diſtance, d'où

F

il doit eftre regardé : & il eft certain qu'il perdra d'autant plus de
fa beauté, que celui qui le voit
fortira de ce point pour s'en approcher, ou pour s'en éloigner.
Cela eftant, je trouve que c'eft
une perte de tems, pour ne pas
dire, un manque d'intelligence
que de faire un travail inutile, &
qui fe perd quand on regarde le
Tableau dans cette diftance, convenable. Et au contraire, il y a
beaucoup d'Art & de fcience, en
faifant tout ce qui eft néceffaire,
de ne faire que ce qui eft necef-
faire.

. Si nous examinons les autres
qualitez qui relevent l'effence
de la Peinture ; comme la fé-
condité du genie pour les grands
fujets ; la variété ; la nobleffe ; la
grace ; la facilité ; la prudence, &
l'érudition, afin de n'y faire entrer que ce qui eft convenable

pour inftruire & pour divertir ;
nous trouverons que non feulement il n'a efté furpaffé, ni de
Raphaël, ni du Carache, ni d'aucun autre ; mais qu'en cela il a
des avantages fur eux qui luy
font particuliers ; & je n'en puis
donner de meilleures preuves
que la veuë de fes beaux Ouvrages, & la lecture de fa vie :
Car c'eft dans le caractére des
objets que le Peintre fait voir
celuy de fon génie ; & ce n'eft
pas fans raifon que l'on dit ordinairement qu'on fait fon portrait dans fon Ouvrage, c'eft-à-
dire, le portrait de fon efprit.
Raphaël qui eftoit naturellement
doux, n'a pû cacher fon tempe-
rament dans les fujets de com-
bats & de carnage ; Mikélange
qui étoit fevére & mélancolique,
a répandu fon humeur dans tout
ce qu'il a fait de Peinture & de

Sculpture ; le Carache qui étoit fier & sauvage n'a donné aux femmes que tres-rarement cét air doux & gracieux que deman-de leur sexe, & ainsi des autres, lesquels ont esté tous retenus, ou par le poids de leur temperam-ment, ou par les bornes de leur esprit.

Celui de Rubens estoit uni-versel, & l'étenduë de son génie le faisoit entrer tout entier dans les actions qu'il avoit à traiter ; il se transformoit en autant de ca-ractéres, & se faisoit à nouveau sujet un nouvel homme.

Joignez à cela qu'il avoit cul-tivé cét esprit dans les affaires & dans les negotiations les plus importantes de l'Europe, & ne vous estonnez pas qu'un tel homme aprés avoir passé la moi-tié de sa vie dans un commerce avec les Rois & les Princes Sou-

verains dont il a manié les intereſts, & dont il a eu l'eſtime &
l'amitié „ait répandu tant de nobleſſe, tant de grandeur, tant
de ..ce, & tant de delicateſſe
dans ſes Ouvrages.

La variété qui eſt une des plus
grandes beautez de la Nature,

Per tanto variar Natura è bella.

& qui par conſequent eſt ſi ne-
ceſſaire dans les Tableaux, ſe
voit obſervée dans ceux de Rubens plus que dans les autres :
car ſon génie étoit ſi fertile, qu'il
ne s'eſt pas contenté de faire
voir dans un Tableau ſeul la
meſme diverſité que dans la Nature, il a encore traité les meſmes ſujets qu'il a peints ſept ou
huit fois d'une façon ſi differente
que l'on ne ſauroit y remarquer
aucune choſe dans l'un de ces
Tableaux qui ſoit repeté dans
l'autre, tant pour les penſées „

pour les figures , que pour les aſpects de teſtes.

Pour la facilité, jamais Peintre n'en a tant eu. Je n'entens pas ſeulement cette facilité qu n'eſt que dans le maniement du Pinceau ; mais celle qui eſt dans l'habitude des principes que Rubens poſſedoit ſi parfaitement, que ſa main pour obeïr promptement à ſa volonté, employoit la couleur tantoſt d'une façon, & tantoſt d'une autre, toujours au gré des regles, & pour ſatisfaire ſon imagination pleine de feu & de diſcernement. C'eſt l'eſprit tout ſeul qui a travaillé à ſes Tableaux, & l'on peut dire qu'à l'imitation de Dieu, il a ſoufflé ce meſme eſprit dans ſes Ouvrages plûtoſt qu'il ne les a peints.

Aprés l'idée que je viens de

vous donner de la Peinture , &
la comparaison que nous avons
faite avec elle des Ouvrages en
général des plus habiles Peintres. Il eſt aiſé de voir que l'I-
talie ne nous a point encore
donné perſonne qui en ait eü
toutes les parties , & que Rubens les a poſſedées toutes à la
fois, non ſeulement avec certi-
tude , & par les regles ; mais
éminenment par la ſuperiorité
& par l'univerſalité de ſon génie. Car il ne ſuffit pas d'avoir
la connoiſſance des preceptes
pour la perfection de cét Art ,
il faut une ame qui ait les mouvemens prompts & faciles , qui
ait du feu pour inventer , & de
la fermeté dans l'éxécution. Le
genie de Rubens étoit capable
de produire lui ſeul , & ſans l'ai-
de d'aucuns preceptes des choſes extraordinaires ; mais comme

il étoit naturellement éclairé , &
de plus Philofophe , il a bien crû
que la Peinture étant un Art , &
non pas un pur effet du caprice,
elle avoit des principes infaillibles , dont il a tiré la quinteſſen-
ce par l'ordre qu'il ſavoit donner à ſes études. Ainſi, la ſolidité de ſes principes , & l'élévation de ſon génie , luy ont donné un empire abſolu ſur ſon Art,
& luy ont fait faire des choſes
parfaites & extraordinaires tout
enſemble.

Or il y a des choſes parfaites
dans un genre mediocre, & d'autres parfaites dans un genre élevé & extraordinaire. Pluſieurs
Peintres ont eſté capables de
cette premiére ſorte de perfection, parce qu'ils ont eu certains talens proportionnez à
leurs entrepriſes , & de la pénétration juſqu'au degré que demandoit

mandoit leur Ouvrage. Et cela se voit, par exemple, dans les Portraits du Titien, entr'autres dans celuy du Marquis del Waste, qui est un chéd'œuvre précieux & digne certes de la majesté du Maistre qui le possede.

Mais la perfection dans le genre sublime & dans les sujets extraordinaires ne se trouve que dans les Tableaux de Rubens : & luy seul a esté capable de concevoir toutes les circonstances qui peuvent soûtenir l'idée des grandes ordonnances, & la dignité des sujets heroïques, & d'y faire entrer toute la noblesse, & toute la grace qu'ils demandent ; d'y donner cette vérité, ce feu & ce mouvement qui les rend semblables à la Nature : enfin de traiter les sujets grands d'une maniére grande dans tou-

G

tes les parties de la Peinture.

Si quelqu'un n'eftoit pas affez pleinement convaincu, ou fi quelque refte de prévention l'empefchoit de donner à mes raifons toute l'attention' néceffaire, je luy demande en grace de ne rien déterminer fur la matiére dont il s'agit, qu'il n'ait confulté les Juges qui luy font les moins fufpects, je veux dire fes yeux, & qu'il n'ait veu l'un auprés de l'autre des Tableaux de Rubens, & de ceux des meilleurs Peintres d'Italie. Cette comparaifon actuelle eft fi avantageufe à Rubens, qu'elle efface non feulement les Ouvrages des autres Peintres, mais encore tout ce que je viens de dire en fa faveur. C'eft une preuve contre laquelle on ne peut tenir, & qui fait revenir tous les jours les perfonnes qui avoient pour luy le plus d'aver-

fion, foit qu'ils fe fuffent laiffé
perfuader par des gens préve-
nus, ou qui avoient intereft à le
detruire, foit que l'éducation euſ
fait en eux une habitude contraire, foit enfin qu'ils n'euffent
point veu par eux - mefmes les
belles chofes de Rubens, dont
les plus exquifes, fans contredit, en toute forte de genre, fe
voyent dans le Cabinet de M.
le Duc de Richelieu, je vous
en fais icy une foible defcription,
qui n'eft pas tant pour vous donner le plaifir des beautez que l'on
découvre dans les Originaux,
que pour vous en conferver l'i-
dée aprés les avoir veuës.

LE CABINET

DE

MONSEIGNEUR

LE DUC

DE RICHELIEU.

QVoyqu'il y ait dans ce Cabinet des Tableaux de quelques-uns des grands Maiſtres que j'ay nommez, on a ſeulemeut fait la deſcription de ceux de Rubens qui en font la plus grande partie, & l'on remet à faire celle des autres, que quelques Tableaux rares que l'on attend, ſoient arrivez.

LA CHUTE
DES
REPROUVEZ,

TABLEAV DE RVBENS,
par M. L.D.D.R.

QUEL épouvantable fracas! Quel defordre affreux! Que de prodiges! Que de merveilles! Que d'horreurs & de miferes tout à la fois dans ce Tableau! Il me femble que je fens crouler les fondemens du monde, & que j'entens retentir dans l'air des cris, & des gemiffemens. Quelle vive peinture de ce jour fatal & malheureux, qui doit reveler, confondre, & punir tous les crimes de l'Univers! Suivons, s'il se peut, l'esprit d'un si grand Maistre en son Art, qui fait comprendre, d'une seule veuë, les effets de la vengeance divine, & qui fait imprimer avec tant de force dans les cœurs, la terreur des jugemens du Dieu vivant.

Les Anges paroissent tous couverts & tous brillans de feux. Ces esprits brûlans d'amour, qui pour exécuter les ordres d'un Dieu, juste vengeur, par les rayons de leur vive lumiére, comme par autant d'éclairs, foudroient les pechez, & les pecheurs d'une maniére la plus fiére qui se puisse imaginer. Je voy ce dragon à sept testes, & ces animaux, images horribles des sept crimes capitaux, separez par masses, & confondus avec un Art merveilleux, les uns dans les autres.

Je voy le pere & l'auteur de tous, l'Orgueil, le feul qui tombant foudroyé ne peut s'humilier, fe releve encore par une audace digne du chatimant qu'il vient de recevoir.

J'aperçoy la noire Envie reculée en un coin obfcur par l'adreffe du Peintre, comme s'il vouloit mettre à couvert de fon venin cét Ouvrage, & tous ceux qui font dignes de l'immortalité. On ne laiffe pas d'entrevoir dans fa chûte fes regards de travers, qui peuvent à peine foûtenir un moment cette lumiére celefte, qui fera le bonheur d'autruy, & qui fait fon tourment & fa rage.

Icy paroît l'Avarice avide, toujours pauvre, & jamais contente, outrée de douleur, fachant qu'il faut renoncer au plus grand des trefors.

Plus haut ſe void la dangereu-
ſe Luxure, punie de ſes plaiſirs
paſſez par la ſource meſme de
ſes plaiſirs, que le Peintre ingé-
nieux a dérobée par pudeur à la
veuë. Ah! qu'elle paroît confu-
ſe & deſeſperée de les voir chan-
gez en des ſupplices, qui n'auront jamais de fin.

C'eſt icy plus bas l'ardente
Colere, qui par ſes yeux étin-
cellans, & par la maniére dont
elle déchire avec ſes dents tout
ce qui luy reſiſte, fait éclatter ſa
fureur & ſon deſeſpoir.

Dans le milieu du Tableau, paroiſſent la peſante & lâche Pareſſe, & l'inſatiable Gourmandiſe, dont les caractéres ſont marquez par des corps gros & pe-
ſans; qui ſoufrent les cuiſantes
morſures, & les piqûres cruelles
des beſtes infernales, ſans ſe pouvoir remüer (quoyque pene-

trées de douleurs) tant elles font
enfevelies dans leur profonde
létargie.

Je voy tous les demons dé-
chaînez , & par tout répandus &
animez de rage ; qui pour obeïr
à leur Créateur , & pour fe ven-
ger de leurs horribles peines ,
font fouffrir tout ce qu'ils en-
durent à ces miferables , dont ils
deviennent en un inftant , les
bourreaux & les maiftres.

Quelles flâmes de couleur mê-
lée de foûfre , de poix , & de
bitume , dont la fombre & trifte
lueur n'éclaire que pour ouvrir
l'abyme de la mort éternelle ,
où le courroux celefte fait tomber en pluye de feu tous vivans
& tous morts , ces malheureux
criminels , accablez de repentirs
inutiles ?

Quel efprit pouvoit concevoi r
& exprimer tant de mouvemens

violens, tant de sentimens divers,
tant de passions contraires, tant
de sorte de tourmens ?

Quelle main pouvoit tracer
tant de choses terribles, si animées & si spirituelles ?

Qui pouvoit mettre de l'ordre dans un si furieux desordre ?

Qui pouvoit dessiner sans
modéle tant d'attitudes si diffi-
ciles, d'une maniére si grande &
si naturelle ?

Qui pouvoit, par un mélange
exquis de couleurs, mettre de la
difference en mesme-tems, & de
l'union, dans tous ces corps dé-
nuez de vestemens ?

Qui pouvoit enfin tromper les
yeux, surprendre l'imagination,
& persuader que le dernier jour,
si incertain pour le tems, pour
l'heure, pour le moment estoit
arrivé ; & que c'estoit, non l'ima-

ge , mais la verité du plus funeste
de tous les spectacles. Rubens
seul qui par un heureux génie,
par la force de son imagination,
par la grandeur de son esprit,
par la solidité de son jugement,
& par une experience consommée , avoit réuni en luy toutes les qualitez des plus habiles
Peintres des siécles passez , a pû
faire ce chéd'euvre de l'Art.

LA CHUTE
DES REPROUVEZ,

mesme Tableau que le precedent.

L A chute des damnez est le plus difficile sujet qu'un Peintre puisse traitter, & dans lequel il y ait plus d'occasions de faire paroistre sa capacité, ou son ignorance : & les raisons entr'autres que l'on en peut donner, sont ; Qu'y ayant une tres grande quantité de figures, il faut beaucoup de génie & de fertilité de la part du Peintre, & beaucoup de variété de la part de l'Ouvrage ; Que la Nature, qui est l'objet du Peintre, & dont il tire ses meilleurs conseils & ses plus puissans secours, devient icy presque inutile; & l'extréme difficulté de faire tenir un modele dans les attitudes qui sont convenables au sujet, demande une imagination vive & nette, un esprit droit, juste, & bien rempli des regles de l'Art, & de la connoissance des effets de la Nature; Qu'y ayant des damnez de tous sexes & de toutes conditions, il faut que le Peintre évite la répétition, & dessine, comme on dit, sans maniére; Que le sujet ne s'estant jamais veu, l'imagination qui y supplée, doit estre non seulement vive; mais belle & bien reglée, pour produire quelque chose d'extraordinaire & de vraisemblable tout ensemble; Que les expressions y doivent estre extrémement animées, & que tout y doit paroître dans un mouvement tumultueux, & dans un

defordre, qui donne de l'effroy, &
qui n'ait rien d'extravagant. Enfin,
ce fujet eft la coupelle, & la pierre de touche du Peintre ; & tous
ceux qui l'ont traité avant Rubens, n'en ont affurément point
donné l'idée qu'on en doit concevoir. On verra que Rubens
s'eft tiré de ce pas gliffant avec
avantage, fi l'on veut fe donner
la peine de luy faire de bonne
foy, en examinant cét Ouvrage, l'application des chofes que
je viens de dire.

On voit par experience, que
ce Tableau produit tout l'effet
qu'on en peut attendre : car perfonne ne le regarde attentivement qu'il ne foit frapé d'horreur, & qu'il ne defcende, pour
ainfi dire, tout vivant dans les
enfers. Les ignorans, fans y
penfer, en font l'éloge auffi bien
que les plus favans Connoiffeurs,
les

les premiers en detournant leurs
yeux, aprés l'avoir regardé quelque tems, parce qu'ils n'en peuvent souffrir l'effet terrible, &
qu'il leur semble effectivement
voir de veritables damnez; &
les savans, en changeant aussi-tost
cette terreur en admiration, &
en s'extasiant, pour ainsi parler,
à la veuë de cét Ouvrage incomparable, aprés en avoir examiné
chaque partie, & l'effet du Tout-
ensemble.

Le Carectére de ce Tableau
est proprement le désordre & le
desespoir, dont Rubens n'a point
eu d'autre modéle, que l'idée
qu'il s'est faite de ces paroles de
l'Evangile : *Allez maudits aux*
flammes eternelles, le sejour du de-
sordre & de l'horreur. Cét horreur
& ce desordre paroissent dans
tout l'Ouvrage. C'est un grand
nombre de malheureux, aban-

H.

donnez à la rage & au defefpoir; qui par la pefanteur naturelle de leurs corps, & par la maniére dont ils font difpofez, femblent eftre dans le moment d'une chute actuelle & précipitée, pendant qu'une infinité d'autres font brûlez dans les flammes, ou plongez, felon les termes de l'Ecriture, dans un eftang de fouffre. Et pour trouver de la diverfité dans fes figures, il a reprefenté ces damnez fous la laideur des fept pechez mortels, qu'il a marquez particuliérement par le dragon à fept teftes de l'Apocalypfe, & chacun y eft diverfement tourmenté, felon la diverfité de fon crime, & toujours par où il a offenfé; mais cela avec une variété fi ingénieufe, qu'il ne fe peut rien davantage : & la feule chofe en quoy toutes ces figures fe refsemblent, c'est qu'elles portent avec elles un caractére de malédiction.

L'on voit dans l'Apocalypse que sous le nom de beste il faut entendre, tantost le demon, & tantost le peché ; & de là, le Peintre a pris occasion pour augmenter ce caractére d'horreur, de donner aux demons celuy de quelque animal, & de leur oster par ce moyen toute apparence de pitié. C'est encore sous la figure des bestes, qu'il a exprimé plus précisément dans le bas du Tableau les sept pechez capitaux, par les animaux qui en sont les symboles ; l'Orgueil, par le serpent, qui persuada à nos premiers parens de se faire comme des Dieux ; l'Envie, par le chien, le plus jaloux & le plus envieux de tous les animaux ; la Colere, par le lion, qui n'en sort, dit on,

H ij

jamais ; la Pareſſe, par l'aſne ; la
Gourmandiſe, par le ſinge, que
les Naturaliſtes diſent avoir le
gouſt le plus fin ; la Luxure, par
la truye, à cauſe de la ſaleté de
ſes plaiſirs, & de la fécondi-
té de ſon eſpéce ; & l'Avarice, par le dragon, qui dans
le jardin des Eſperides, ſans faire
aucun uſage de l'or, ne vouloit
pas que perſonne en aprochaſt.
Tous ces animaux ſont expoſez
à nos yeux dans le plus grand excés de leur rage, pour tourmen-
ter les reprouvez.

Les attitudes y ſont toutes
extraordinaires, toutes diverſes ;
mais toutes belles & ſavantes ; &
les contorſions bizares qui s'y
rencontrent, ne ſont que pour
exprimer plus naturellement la
violence de leurs tortures. Ces
attitudes ſuppléent aux expreſ-
ſions des teſtes, quand les viſa-

ges en font cachez ; mais elles
leur preftent un mutuel fecours,
quand ils ne le font pas.

Le Deffin en eft favant , &
d'un grand gouft ; & l'extréme
difficulté pour ne pas dire l'im-
poffibilité de fe fervir du Naturel,
pour peindre, ou deffiner ces
forte d'actions qui font en l'air,
doit nous convaincre plénement
que Rubens eftoit tres-favant
dans la partie du Deffin , & que
fon génie, joint à une experience confommée, le rendoit maitre
abfolu de fon Art & de fes regles.

Les expreffions des teftes font
vives & pénétrantes ; & on y
voit la nature de leur crime & l'excés de leur tourment.

Les liaifons d'objets, fi nécef-
faires en Peinture, ou pour parler, comme les Peintres , les
groupes qui fe rencontrent en ce
Tableau font inventez avec tant

d'imagination, tant d'esprit, & tant d'Art, qu'ils surpassent de beaucoup tout ce qui s'est fait jusqu'icy dans ce genre, & quelque debroüillez que soient ces groupes & separez les uns des autres, ils concourent neanmoins tous à l'assemblage des lumiéres & des ombres, & à l'effet du Tout-ensemble : en sorte que ce grand fracas de figures se laisse voir avec autant de facilité & de repos, que s'il n'y en avoit qu'une seule. Et ce qui est de remarquable entr'autres choses dans ce grand Ouvrage, c'est qu'il n'y a rien d'inutile, & que les moindres choses considérées toutes en particulier, paroissent un effort de l'imagination du Peintre. Enfin, tout contribuë à l'unité d'objet, par une admirable intelligence de lumiére & & d'ombre, comme tout contribuë à l'unité d'action, par une expreſſion générale & particuliére de tout ce que l'on peut imaginer de plus terrible.

L'artifice du Coloris y eſt merveilleux dans ſon accord, dans ſon oppoſition, & dans ſa variété, & cette variété de carnation parmi un ſi grand nombre de figures nuës, n'eſt pas une des moindres perfections du Tableau.

Il y a tant de beautez dans le général & dans le particulier de cét Ouvrage, qu'il faudroit un long diſcours, pour en faire une deſcription bien exacte : Et aprés tout, j'avouë que celuy que je m'éforcerois de faire ſeroit fort au deſſous de l'idée que j'en conçois. J'adjouteray ſeulement que cét Ouvrage, qui eſt le deſeſpoir des damnez, eſt auſſi celuy des Peintres : car la veuë des autres Ouvrages de Rubens leur

échauffe bien l'imagination, &
leur laiſſe croire, qu'en s'effor-
çant de les imiter ils pourroient
avec le tems parvenir à quelque choſe de ſemblable : mais
en voyant celuy-cy, ils confeſ-
ſent tous qu'il eſt inimitable, &
que ſi Rubens par ſes autres
productions, a ou égalé, ou paſſé
tous les Peintres, il s'eſt mis par
celle-cy au deſſus de luy-meſme,
& ne permet pas d'eſperer qu'à
l'avenir nous puiſſions rien voir
qui en approche.

*Ce Tableau a 11. pieds de haut ſur 6. pieds de
large : & les figures ont un peu plus d'un pied.*

LA CHASSE AVX LIONS.

QUatre Chaſſeurs à cheval
& trois à pied, qui ſont aux
priſes avec un lion & une lionne, font la compoſition de ce Tableau

bleau. La difposition n'en eft que
d'un feul groupe en cette maniére:Un cheval blanc qui fe cabre,
& le lion qui eft fauté fur fa
croupe pour devorer le chaffeur
qu'il mord au ventre dans le moment que ce Cavalier fe jette à
la renverfe, font les objets les
plus avancez. Le cheval chargé
de l'homme & du lion du cofté
droit, eft contraint en fe cabrant
de fe laiffer aller du cofté gauche,
& fait voir par fon action violen-
te qu'il fouffre, & du poids qu'il
porte, & des ongles du lion qui
luy entrent dans la chair.Les trois
autres Cavaliers qui font fur le
derriere & dans le tournant du
groupe eftans venus au fecours,
tâchent avec leurs armes de tuër
cette befte, l'un en luy portant
un coup de fabre, l'autre en luy
perçant le cou d'une pique, & le
troifiefme en luy enfonçant fon

I

javelot dans les coſtes. De ces
quatre chevaux il y en a deux qui
ſe cabrent, & deux qui ruënt, &
tous quatre de differens aſpects.
Au bas de ce meſme groupe eſt la
lionne, qui la gueule ouverte & le
nez froncé, va dévorer un homme
qu'elle vient de terraſſer, ſi ce
malheureux chaſſeur & celuy
qui tâche de le ſecourir ne l'en
empeſchent par les coups d'épée
dont ils ſont preſts de la percer.

De l'autre coſté le troiſieſme
chaſſeur à pied, expire des bleſ-
ſures que ces animaux luy ont faites, il eſt ſous les pieds des chevaux, l'épée encore à la main, les
bras étendus ſur la terre, & la
teſte tournée ſur le devant du
Tableau. L'expreſſion de cét
homme mourant, & la peur que
les deux chaſſeurs qui ſont atta-
quez font paroiſtre par les traits
& par la couleur de leurs viſages.

font d'une beauté extraordinaire ; cét Ouvrage eft en toutes
fes parties des plus parfaits qui
fe puiffe voir ; le Coloris en eft
des plus forts, & il feroit à fou-
haiter que ceux qui blâment
tant le Deffein dans Rubens, &
qui prétendent bien fçavoir cette partie, euffent dans leurs contours la mefme correction, la mê-
me refolution, & le mefme caractére de vérité.

*Ce Tableau a 12. pieds de large & 7. pieds de
haut : les figures en font grandes comme Nature.*

SVSANNE AVEC LES
DEVX VIEILLARDS.

SUfanne qui eft la figure principale de ce Tableau, eft affi-
fe auprés d'une fontaine. Elle
croife les bras fortement fur fon
fein, elle plie le corps en devant,

& tourne la teste du costé des vieillards qui la surprennent : & qui sont neanmoins separez d'elle par un balustre. Nostre Peintre qui cherche toûjours à plaire aux yeux par la diversité, en fait paroistre avec beaucoup d'esprit dans ces vieillards ; car il y en a un, dont la passion est secondée de la force du corps, & l'autre paroist ne l'avoir plus que dans l'esprit. Le premier qui est plein de vigueur, & dont le visage est enflammé & satyrique, passe par dessus le balustre sans délibérer, & suit l'ardeur de son tempérament. L'autre est un homme pasle & cassé de vieillesse, & qui appuyé sur une branche d'arbre, regarde avec avidité l'objet de sa convoitise, laquelle il ne peut plus satisfaire. Il y a une admirable union dans ce Tableau, & le corps de la

Susanne est d'une exacte recherche de couleur, & d'une grande
intelligence de lumiére.

*Ce Tableau a 2. pieds & demi de haut, & 3.
pieds & demi de large : les figures sont demie Nature.*

LE SILENE.

CETTE baccanale est l'ex-
pression de l'estat deplora-
ble où sont réduis la plus part
de ceux qui font un mauvais usa-
ge du vin. C'est une yvresse me-
lancolique, répréfentée sous la
figure graffe & pefante de Sile-
ne, que les fumées du vin ont
entiérement abruti. Son corps &
fa teste panchée, fes yeux entr'-
ouverts qui ne regardent rien ; le
pied qu'il traîne, son infenfibili-
té au mal qu'on luy fait, font les
caractéres d'une brutalité achevée. Douze figures qui le suivent

font toutes occupées à se moc-
quer de luy. Il est au milieu du
Tableau sous la principale lumiére, & entouré d'ombres de
part & d'autre, ce qui fait d'autant plus paroistre cette figure,
qu'elle est peinte & coloriée
d'une force & d'un artifice sans
pareil. Le Peintre pour faire
réüssir son Tableau dans cette
intention a placé d'un costé un
More qui pince le Siléne à la
fesse, dont la couleur jointe aux
autres corps ombrez qui luy
sont voisins, releve celle du vieillard qui est fort éclairé. Ces
grandes ombres servent encore à
faire paroistre la fraischeur admirable de cinq ou six belles testes
d'hommes & de femmes qui s'a-
vancent pour voir l'estat ridicule
où est cét yvrogne. Et de l'autre
costé il a vestu de noir une vieille
Baccante qui tasche inutilement

de l'exciter en luy parlant de boire, & luy montrant un pot de vin. Auprés de cette femme eſt un tigre qui ſe jette ſur des raiſins que tient un vieux Satire ; & de l'autre coſté ſont des chévres de la ſuite de Siléne avec un enfant d'une fraiſcheur admirable qui regarde l'yvrogne en levant la teſte d'une maniére libertine & convenable au ſujet. Sur le de-vant du Tableau eſt une Sati-reſſe qui s'endort & ſe laiſſe aller la teſte contre terre d'une façon particuliere aux gens que les va-peurs du vin ont aſſoupis. Ses deux petits Satireaux qu'elle te-noit attachez à ſes mamelles n'ont pas quitté priſe pour s'eſtre trouvez à terre : car ils tettent tous deux d'un grand appetit. La carnation de cette Satireſſe & celle de ſes enfans paroiſſent ſi véritables, qu'on s'imagine facilement que ſi l'on y portoit la main on ſentiroit la chaleur du ſang:ce n'eſt point un teint clair, car le ſujet ne le comporte pas: mais il eſt d'une fraiſcheur ſurprenante. Je ſuis perſuadé que dans cét Ouvrage Rubens a voulu porter la Peinture au plus haut degré qu'elle puiſſe monter: tout y eſt plein de vie, d'un deſſein correct, d'une ſuavité & d'une force tout enſemble extraordinaire.

Ce Tableau a 6 pieds de tout ſens, & les figures en ſont grandes comme Nature.

LA VEVE DE CADIS.

CE païſage fait voir pour objet principal une grande montagne ornée à mi-coſte d'une maiſon de plaiſance avec ſes jardins, & dont le ſommet va ſe rendre à l'un des coins du Tableau, & se confondre avec quelques restes de nuages. Dans ce mesme endroit il y a une source d'eau qui tombe en cascade, pendant qu'un ruisseau va chercher l'autre costé du Tableau, suit le panchant de la montagne, & se perd dans la mer qui commence à paroistre depuis ce costé jusqu'à l'horison qu'elle borne. Derriere la montagne & dans le demi-loin paroist une bonne partie de la ville de Cadis qui avance dans la mer.

Le Peintre ayant trouvé cette veuë bizarre & extraordinaire, il l'a creuë propre à recevoir un sujet heroïque. Il a fait servir ce lieu charmant de promenade à la Princesse Nausicaa, il fait voir cette jeune fille dans le moment qu'Ulisse se présente à elle tout nud aprés son naufrage. Voicy à

peu-prés ce qu'en dit Homere.

Reception d'Ulisse en l'Isle de Corcire.

ULISSE s'estant dégagé des charmes de la Nymphe Calipso, quitta l'Isle d'Ogige pour aller dans la terre des Pheaciens en l'Isle de Corcire: & ayant esté en mer l'espace de dix-huit jours, il y éprouva une continuelle persécution de la part de Neptune, qui par une cruelle tempeste le jetta dans la mer. Ulisse estant remonté sur son vaisseau, le vit quelque temps aprés s'ouvrir & se separer en deux, & s'estant mis sur l'une des parties pour ménager du moins le loisir de se deshabiller, il se jetta à la nâge & se sauva par

le moyen d'un bandeau myſte-
rieux que luy donna la Nymphe
Leucotoë, & dont il ſe fit une
ceinture. Il fut deux jours & deux
nuits à nâger, & eſtant enfin arrivé à bord, il ſe reſolut aprés
pluſieurs penſées de ſuivre celle
d'entrer dans un bois, où il joignit les branches de deux Oli-
viers qui eſtoient auprés l'un de
l'autre pour ſe faire comme un
lit : il s'y accommoda avec des
feüilles à la faveur deſquelles il
s'endormit.

C'eſtoit en ce meſme lieu que
la Princeſſe Nauſicaa eſtoit allée
dans le chariot de ſon pére atte-
lé de deux mulets, & ſuivie de ſes
femmes, pour choiſir un bel endroit du fleuve où elle pût faire
laver les veſtemens qu'elle deſti-
noit pour ſon mariage ; cecy pa-
roiſtra ſans doute extraordinaire,
& peu conforme à la magnificen-

ce de nos dames, mais ce font les
propres termes d'Homere. Ses
habits eftant lavez, fes filles les
étendirent au foleil fur le rivage,
& aprés avoir difné fur l'herbe,
elles fe mirent toutes à joüer au
balon. Le bruit qu'elles firent
éveilla Uliffe, qui aprés avoir
douté quelque tems s'il devoit
paroiftre ou non parmi des gens
qu'il ne connoiffoit pas, il fe le-
va; & s'eftant apperceu que c'e-
ftoit des filles, il rompit une branche épaiffe pour couvrir fa nu-
dité: il s'avance, fe préfente en
cét eftat, & s'écrie de loin à la
Princeffe (car elle eftoit la feule
que la crainte n'avoit point éloi-
gnée,) qu'elle eût pitié de l'état
où elle le voyoit réduit, & qu'elle luy envoyaft quelque manteau
pour aller à la ville de Skérie, ne
pouvant pas y entrer nud comme
il eftoit. Nauficaa ayant reconnu

par ces difcours, qu'il n'eftoit
pas un homme d'une naiffance
mediocre ; & ayant conceu beaucoup d'eftime de fon mérite, elle
luy promit fa protection, des
habits, & de le conduire dans la
ville où fon pére regnoit: Elle
appella fes femmes, & leur com-
manda d'éxécuter fes ordres là-
deffus. Ces filles eftant revenuës
de leur frayeur, donnérent des
habits & à manger à Uliffe, qui
fuivit avec elles le chariot de la
Princeffe jufqu'à la foreft confa-
crée à Pallas, où il eftoit conve-
nu avec la Princeffe de demeurer quelque temps pour ofter
toute forte de foupçon.

Minerve qui avoit un foin tout
particulier des interefts d'Uliffe,
prit celuy d'obtenir de Jupiter un
broüillard épais, afin que dans le
chemin qu'il avoit à faire depuis
la foreft jufqu'au Palais d'Alci-

nous ; il ne fût point apperceû
des Pheaciens. Ce Roy le receut tres-bien, & entendit aprés
le souper la rélation qu'Ulisse fit
de toutes ses avantures.

Ce Tableau a 4. pieds de haut & 6. pieds
de large : les figures n'ont que 8. poulces de
haut.

LE SAINT GEORGE.

RUBENS voulant donner
des marques de sa recon-
noissance au Roy d'Angleterre
qui l'avoit comblé de biens &
d'honneurs dans le temps de son
ambassade en ce Royaume, crut
ne pouvoir mieux s'en acquitter
qu'en luy faisant ce Tableau. Il
choisit pour sujet l'histoire de S.
George, parce qu'il n'y a point
de Saint pour lequel la Noblesse
Angloise ait plus de vénération

que pour celuy-là : elle le prend pour son patron, & les Chevaliers de la Jartiére l'ont choisi pour leur protecteur. Le Roy en fait celebrer tous les ans la feste au Chasteau de Windesor le jour qu'elle arrive qui est le 23. d'Avril. Quoy-que ce lieu soit à huit lieuës de Londres, sa Majesté ne manque jamais de s'y trouver avec tous les Chevaliers pour présider à cette magnifique assemblée.

Ce Tableau est enrichi d'un beau païsage que la Tamise divise en deux un peu diagonalement. La partie qui est au delà de cette riviére est la veuë de Windesor, où l'on fait des feux de joye. Et dans la partie du païsage qui est en deçà, on voit réprésenté saint George armé de toutes pieces, & triomphant de la mort du Dragon. Il tient cét animal par un lien dont il fait préfent à une jeune pucelle que l'on voit peinte ordinairement dans tous les Tableaux de ce Saint. Je ne vous diray pas bien affurément furquoy cette tradition eft fondée, n'y ayant point d'Auteur grave qui en ait écrit. Voicy feulement de quelle maniére les figures font difpofées.

Le Saint qui eft le portrait du Roy d'Angleterre Charles I. eft au milieu du Tableau. Il a un pied à terre & l'autre fur le corps du Dragon qu'il préfente à la Pucelle, laquelle eft pareillement le portrait de la Reyne. Cette Pucelle a un air noble & modefte; la peur qui donne du mouvement à toutes les autres figures, ne paroift point fur fon vifage. Derriére-elle font trois femmes qui femblent eftre de fa fuite. Elles fe tiennent l'une l'autre, & mon-
trent

trent en fe retirant que l'admiration
& la joye qui paroiffent fur
leur vifage, ne font pas fans mélange de crainte. D'un cofté &
fur le devant du Tableau font
deux foldats, dont l'un eft à pied
& tient par la bride le cheval du
Saint ; & l'autre eft à cheval &
tient un étendard de taffetas
blanc qu'une croix rouge fépare
en quatre, qui eft la banniére
d'Angleterre. Ce cavalier eft tel-
lement de relief qu'il paroift hors
du Tableau. Du mefme cofté &
fur la mefme ligne du Saint, eft
un antre couvert d'arbres, fur
lequel font montez des païfans
pour voir plus en fûreté l'évé-
nement du combat. Quelques
païfans s'avancent & fe tiennent
aux arbres pour regarder ; d'autres font à terre appuyez fur le
coude, comme fe plaignant encore du dommage qu'ils ont fouf-

K

fert; & d'autres font en d'autres
actions.

Du cofté oppofé font des femmes de tous âges, qui fe font ap-
prochées aprés la défaite du Dragon. Quelques-unes ont leurs petits enfans avec elles, & toutes
en diverfes maniéres rendent graces au ciel de leur avoir euvoyé
un liberateur.

Au milieu & fur le devant, font
différens reftes de cadavres qui
ont fervi de pâture à cét horrible
animal.

L'on voit une Gloire dans le
Ciel où deux Anges tiennent chacun une couronne, l'une de lau-
rier pour le Saint, & l'autre de
fleurs pour la Pucelle.

Ce Tableau plaift infiniment à
tout le monde auffi eft-il, admirable en toutes fes parties : & je
ne croy pas qu'il y en ait un au
monde dans lequel il s'y rencon-

tre tant de diverſité, païſage, animaux, figures de tous âges, de tous ſexes, & de toutes conditions, & chaque choſe y eſt admirable dans ſon caractére.

Il eſt fort difficile de ſavoir la veritable hiſtoire de S. George ; car la vie de ce cavalier comme elle ſe voit écrite par un certain *Iacobus de Voragine*, a eſté condamnée par un Concile, & reſſemble plûtoſt à un conte de vieille qu'à une véritable hiſtoire. Cependant toute ridicule qu'elle eſt, je ſuis contraint de la rapporter pour l'intelligence de ce Tableau, & pour tous ceux qui ont eſté faits juſques icy de ſaint George.

Hiſtoire de ſaint George.

SAINT George eſtoit homme de qualité, & Tribun du

peuple dans la Cappadoce. Son zéle pour la converſion des ames à la foy de JESUS-CHRIST, luy fit quitter ſon païs ; & ayant fait voyage en Afrique, il ſe rencontra fortuitement dans la ville de Siléne. Auprés de ce lieu eſtoit un grand lac, où ſe retiroit un Dragon d'une grandeur prodigieuſe, & qui avoit mis en fuite les habitans de la contrée autant de fois qu'ils avoient pris les armes contre luy. Cét horrible animal venoit ordinairement ſous les murailles de la Ville, & faiſoit mourir tous ceux qui reſpiroient l'air infecté de ſon haleine. C'eſt pourquoy par un commun conſentement de tout le peuple, il fut réſolu que pour appaiſer ſa fureur, on luy donneroit tous les jours deux moutons. L'expédient fut ſalutaire dans les commencemens : mais par ſucceſſion de temps la difette des moutons devint fi grande dans la ville, que pour le bien public le Roy jugea qu'il valoit mieux n'en donner qu'un, & y joindre une perfonne fur qui le fort tomberoit. On écrivit donc tous les noms des enfans de la ville de tous fexes, & de toutes conditions; on les mit dans une urne, d'où l'on en tiroit un tous les matins qui eftoit deftiné à la nourriture du Dragon, fans que le hazard épargnaft perfonne. La ville à la fin fe depeuplant d'enfans comme elle avoit fait de moutons, & le nombre des billets qui eftoient dans l'urne venant enfin à fe diminuër, le fort tomba fur la fille du Roy. Sa Majefté, comme vous pouvez penfer, en fut au defefpoir, & offrit la moitié de fon Royaume avec tout ce qu'il avoit d'or & d'argent pour fauver fa fille qui eftoit l'unique fruit de fon mariage. A quoy le peuple ne répondit qu'en fureur. Comment, dit-il, Sire, vous avez prononcé l'Arreft de voftre propre bouche, nous y avons tous obey, la plufpart de nos enfans font morts, & vous voulez fauver voftre fille? Si vous n'accompliffez la Loy que vous avez fait garder aux autres, nous vous allons brûler dans voftre Palais. Le Roy n'en pouvant tirer autre chofe, s'abandonna aux larmes & fe tournant peu aprés du cofté du peuple, il luy demanda huit jours de tems pour pleurer avec fa fille. On luy accorda, & le Dragon ayant fait pendant ce temps-là beaucoup de ravage, le terme ne fut pas plûtoft expiré, que la populace en fureur vint crier au Palais du Roy, Faut-il que tout un peuple périffe pour une seule personne , & que l'haleine du Dragon nous fasse tous mourir ? Le Roy voyant qu'il n'y avoit pas moyen de sauver sa fille , la fit habiller de la pourpre Royale , l'embrassa , & fondant en larmes , luy dit; Que je suis malheureux , ma chere fille , & que le sort me traite cruellement; Je vous avois regardée comme l'heritiére de mon sceptre , & comme l'esperance de ma maison; je vous avois ménagé l'alliance des plus grands Princes, & nous estions à la veille de voir celebrer vos noces. Je faisois orner mon Palais de ce que j'avois de plus riche , & tous ces apprests ne serviront qu'à vous voir dévorer. Les sanglots ne luy permirent pas d'en dire davantage , & l'ayant embrassée encore une fois, elle s'achemina avec une constance admirable du costé

du lac pour s'expofer à la rage du
Dragon. Ce fut icy que faint
George fe trouvant par hazard,
la rencontra qu'elle pleuroit; &
luy ayant demandé le fujet de fes
larmes. Remontez , dit-elle,
promptement à cheval, & évi-
tez une mort qui n'eft aujour-
d'huy que pour moy. Ne crai-
gnez point, dit-il, & ne tardez
pas davantage à m'apprendre la
caufe de ma furprife & ce que fi-
gnifie tout ce peuple affemblé.
Fuyez, vous dis-je, repartit la
Princeffe, & gardez pour une autre occafion à fignaler voftre cou-
rage. Il n'y a point icy de gloire à
acquerir pour vous, & la mort y
eft inévitable. Je ne m'en iray
point , reprit le Cavalier, que
vous ne m'ayez dit ce que vous
avez. La Princeffe luy ayant donc
appris toutes chofes: Ne crai-
gnez point, dit-il, c'eft au nom
de

de JESUS-CHRIST que je
veux vous fauver. Songez feulement à vous, continua la Prin-
cefle, c'eft bien affez que je fois
devorée toute feule ; vous ne
pouvez pas me fauver, & j'aurois
le déplaifir de vous voir peri
avec moy. Pendant qu'ils par
loient de cette forte, le Dragon
commence à paroiftre, & à s'a-
vancer du cofté de la Princeffe, qui dit au Cavalier ; Fuyez
promptement, que tardez-vous ?
Saint George monte d'une viteffe
extréme fur fon cheval, & faifant le figne de la Croix, il va
droit au Dragon, met fa lance en
arreft, & dans le moment que
cette befte affreufe vient à lùy,
il la perce & la terraffe. Puis
s'approchant de la Princeffe, il
luy demanda fa ceinture, &
l'ayant mife au cou du Dragon,
il la remit entre les mains de
L

cette jeune fille que le Dragon
fuivit avec la mefme foumiſſion
que feroit le chien du monde le
plus doux. Le peuple qui voyoit
entrer cét animal dans la Ville,
commença à s'enfuyr, juſqu'à ce
que le Saint eut aſſûré les habitans par des ſignes, & leur eut
fait entendre par ſes paroles,
que Dieu l'avoit envoyé pour
les délivrer des maux que le
Dragon leur faiſoit ſouffrir depuis long-temps. Vous n'avez,
leur dit-il, qu'à vous confier en
JESUS-CHRIST, à croire en
luy, & à vous faire baptiſer, ſi
vous voulez que j'acheve de tuer
ce monſtre. Le Roy & tout ſon
peuple receurent à l'inſtant le
Baptefme, & ſaint George ayant
tiré ſon eſpée, fit expirer le
Dragon à leurs yeux, & com-
manda qu'on le portaſt hors de
la Ville. Ce qui fut executé avec

quatre paires de bœufs qui le ti-
rérent de toute leur force.

Le reste de cette sotte Histoire ne fait rien à nostre sujet.

Il y en a qui disent que cette
espece de tradition est une Eni-
gme où le Dragon represente
l'Idolâtrie abbatuë sous la constance de saint George, qui a
combattu pour les interests de
la Loy de JESUS-CHRIST,
& qui l'a delivrée sur le point
de sa perte. Cette Loy est signi-
fiée par la fille unique du Roy
accompagnée d'un mouton comme du symbole de la douceur.
Mon joug est doux, dit le mesme JESUS-CHRIST, & mon
fardeau est leger.

Ce Tableau a quatre pieds de haut, &
sept pieds de large: les figures ont un pied &
demi.

LA RESVEVSE.

C'EST une jeune fille, dont l'attitude est d'une personne fort occupée interieurement. Elle est assise, les genoux croisez, les mains sans action, dont l'une est posée negligemment sur sa cuisse, & l'autre à moitié fermée semble soûtenir sa teste qui est un peu baissée, & qui regarde en bas sans rien regarder, à la maniére de ceux qui resvent. Cette figure est la plus belle, la plus noble & la plus gracieuse qu'on puisse voir : d'un Dessein correct, d'un coloris admirable, & d'un pinceau libre & vigoureux.

Ce Tableau a cinq pieds & demi de haut, & trois pieds & demi de large : la figure en est grande comme Nature.

LA PENITENCE,

ou

La Madelaine aux pieds de JESUS-CHRIST *chez Simon le Pharisien.*

L'ECRITURE dit que JESUS ayant esté convié à manger chez Simon le Pharisien, une femme pécheresse, que l'on croit estre la Madelaine, l'y vint trouver : & se tenant à ses pieds, elle les arousa de ses larmes, les essuya de ses cheveux, les baisa, & y répandit du parfum : elle adjoûte que cette femme ayant donné de grandes marques d'amour, Nostre Seigneur dit à ceux qui estoient à cette mesme Table, que *beaucoup de pechez luy estoient remis, parce qu'elle*

L iij

avoit beaucoup aimé. Le Peintre
a choisi pour son sujet le moment que ces paroles venoient
d'estre prononcées : on en voit
dans ce Tableau la cause & l'effet, c'est à dire l'amour de la Madelaine & la bonté de JESUS-
CHRIST d'un costé ; & le scan-
dale des Pharisiens de l'autre.

Je n'entreray point icy dans la
question, sçavoir si dans ce re-
pas l'on estoit couché à table à
la façon des Romains ; ou si l'on
y estoit assis à la maniére des
Juifs ; il y a des autoritez dans
l'Ecriture pour & contre : & des
Auteurs graves qui ont com-
menté ce passage aprés les Péres
n'ont rien décidé là-dessus.

La Scéne du Tableau est un
lieu ouvert, orné d'Architecture.
La table est carrée comme le
triclinium des Anciens, où l'on
tenoit neuf, trois à chaque costé,

le quatriéme demeurant vuide
pour servir les viandes. C'est de
ce quatriéme costé que la Madelaine paroist au milieu du Tableau, baignée de ses larmes,
baisant, & essuyant de ses cheveux les pieds de Nostre Seigneur
selon les termes de l'Evangile.

Le CHRIST est sur le devant
à la place principale à main droite du regardant, accompagné de
trois de ses Apostres : & vis-à-
vis de luy du costé gauche est
Simon le Pharisien, & quatre
autres de sa secte. Trois va-
lets & une servante qui sont
dans le fond du Tableau empor-
tent diversement les plats qu'ils
viennent de desservir. Toutes ces
figures qui font la composition
du Tableau sont disposées d'une
maniére avantageuse pour faire
paroistre de belles parties, &
pour donner par leurs attitudes

contraftées, plus de vie & plus de mouvement dans tout l'Ou_vrage.

La différence des caractéres & des perfonnes fe donne facile-ment à connoiftre non feulement par les habits qui en font les mar_ques exterieures; mais encore par la phifionomie & par les expref_fions qui font le portrait de l'a-me, & qui decouvrent le fond des cœurs. La douceur , par exemple, la bonté, & la miféri-corde font imprimées fur le vi-fage, & dans toute la perfonne du CHRIST; & l'on voit qu'il parle avec une douceur conve-nable à fon caractére. Les Apo-ftres ont un air fimple & grof_fier, & principalement ceux qui font les plus proches du CHRIST, afin de faire paroiftre, par leur oppofition, la nobleffe de leur Maiftre.

Les Pharisiens, au contraire, font voir sur leurs visages, l'envie, l'ipocrisie & la superbe : & l'on remarque entre autre chose, par le mouvement qu'ils se donnent qu'ils sont scandalisez des paroles qu'ils viennent d'entendre : ce que le Peintre a representé avec une diversité tres-ingénieuse.

Car Simon le principal d'entre eux marque admirablement bien ce caractére, par les mains qu'il a sur les bras de sa chaise, les coudes élevez, le corps penché en devant, le visage passe, les sourcils élevez, les yeux fort ouverts, la teste avancée, & regardant fiérement Nostre Seigneur, semble luy dire ces paroles d'indignation ; *Qui est celuy-cy qui prétend mesme remettre les pechez.* Deux autres écoutent attentivement ce que dit Jesus-

CHRIST comme quelque cho-
se de fort extraordinaire & qui
bleffe leurs interefts ; un bon
vieillard l'obferve avec fes lu-
nettes ; & le cinquiéme qui eft
au fond de la table, la coupe encore à la main, lequel à voir fon
embonpoint, eft un de ces Pha-
rifiens *qui mettoient fur les épau-*
les d'autruy des fardeaux qu'on ne
pouvoit porter, & qui n'auroient
pas voulu les toucher eux-mefmes du
bout du doigt.

Les expreffions des paffions de
l'ame font merveilleufes dans cét
Ouvrage, principalement celle
de la Madelaine, qui parmi le
torrent de fes larmes fait voir
admirablement l'excés de fon
amour.

Enfin, il y a tant de grandeur
& de nobleffe dans ce Tableau,
& il eft exécuté avec tant de force & de réfolution, qu'il faut

confeſſer en le voyant qu'il n'y
a rien des autres Peintres qui
en aproche. Et pour moy qui ay
veu tout ce qu'il y a de beau en
France & en Italie du Titien &
du Georgion, j'avouë que rien
ne m'a tant frappé pour la force que ce Tableau, & celuy du
Siléne.

*Ce Tableau a cinq pieds & demi de haut, &
ſept pieds & demi de large : les figures en ſont
grandes comme Nature.*

LE BAIN DE DIANE.

LE Peintre a choiſi le moment qu'Acteon s'eſtant
égaré, ſe trouve par hazard à la
fontaine, où Diane avoit accoûtumé de ſe baigner au retour de
la chaſſe. Ce lieu eſt un antre de
pierre ponce & de tuf que la
Nature a formée en arcade, à

main droite de laquelle est une fontaine gazoüillante. Ce fut, dis-je, dans ce moment que la Déesse estant désabillée & se faisant laver par ses Nimphes qui puisoient de l'eau dans des vases pour la luy verser sur le corps, est surprise par ce malheureux Chasseur. Il est au coin du Tableau derriére un arbre, d'où il s'avance comme pour voir avec avidité un objet surprenant & agréable: l'expression de son visage fait voir qu'il y prend un plaisir sensible, & qu'il est consolé de son égarement. Quelques Nimphes l'ayant aperceu, nuës comme elles estoient, se détournent en désordre, se cachent le sein de leurs mains, & se mettent à crier, pour avertir les autres de leurs Compagnes, qui prenant soin de leur chaste Maistresse, s'empressent de la fecourir & l'entourent pour la derober aux regards d'Acteon Il y en a une qui luy voulant remettre prontement fa chemife, la luy jette fur le corps, pendant qu'une autre luy lave les pieds, & que deux de fes compagnes fe baignent fous le ceintre de la grotte. Diane au milieu de fes Nimphes femble eftre dans le commencement de fa peur, laquelle ne luy ofte ni fa nobleffe, ni fa fierté; & ces deux qualitez paroiffent dans l'air de fon vifage & dans la majefté de fa taille : & tout ce qui eft en fa perfonne porte le caractère d'une divinité.

Du refte cét Ouvrage eft peint d'un gouft tout différent des autres Tableaux de Rubens, fur tout pour les carnations, dont quelques-unes font icy d'un blanc de lait & d'une chair fi délicate que le Titien mesme n'en a jamais fait de semblables. Enfin, ce Tableau est d'un caractére si fleuri, si délicat, & si précieux dans toutes ses parties, qu'il n'y a point de termes pour s'en bien expliquer. Rubens le peignit en Espagne au milieu des plus beaux Ouvrages du Titien ; & c'est-là qu'ayant compris l'artifice de ce grand Maistre il voulut le passer dans ce Tableau. En effet, il le peignit avec tant d'amour, qu'il l'a toujours regardé comme son favori, qu'il l'a conservé chez luy comme son enfant bien-aimé ; & que n'ayant pû se résoudre à le perdre de veuë pendant sa vie, il le laissa en mourant à son meilleur ami.

Ce Tableau a six pieds de large sur quatre pieds de haut : les figures sont un peu plus que demie Nature.

De l'Imprimerie de F. MUGUET.

LEs Defcriptions que je viens de faire font trop courtes & trop légéres, pour vous donner une idée auffi entiére, auffi grande, & auffi forte, que ces Tableaux font capables de vous la faire concevoir, il eft néceffaire que vous les voyiez ; vous y eftes invitez par tout ce que je dis du mérite de leur Auteur, & par voftre propre curiofité. Si vous eftes prévenu contre Rubens, vous me devez du moins cette juftice, de ne me point condamner fans favoir par vous mefme fi je vous impofe : & fi vous ne l'eftes pas, & que vous ayez, avec la liberté de voftre

esprit , un goust naturellement
bon, je suis assuré que non seulement vous serez surpris en voyant
ces Ouvrages ; mais que vous
avoüerez de bonne foy qu'il n'y
a jamais eu de Peintre si uni-
versel, & qui dans la variété
des sujets ait sceu donner à chacun son véritable caractére avec
tant de force & tant de vérité.
Car qui a pû exécuter si heureu-
sement le terrible, comme le gracieux ; & l'heroïque, comme le
champestre , & qui a possedé
tout à la fois tant de parties de
la Peinture telles que nous les
voyons dans ces Tableaux.

Raphaël & le Carache les
auroient dessinez avec beaucoup

de précision, & non pas avec tant d'esprit. Le Titien les auroit coloriez avec beaucoup de force & de vérité : mais non pas jusqu'au dégré que les a montez Rubens, ni avec tant d'intelligence, & tant de fermeté.

Paul Veronése qui estoit abondant les auroit inventez avec facilité, mais non pas avec prudence. Et le Corrége qui les auroit peints avec la mesme liberté & la mesme douceur n'y auroit pas joint la mesme fierté & la mesme force.

Mais l'avantage entr'autres que Rubens a pardessus ceux qui l'ont précédé, c'est d'avoir peint

M

tant de Tableaux d'une maniére
si differente : car tous ceux dont
je viens de faire la description,
sont inventez & exécutez tout-
à-fait différemment les uns des
autres : & l'on ne diroit pas qu'ils
fussent sortis de la mesme main,
si l'on ne s'appercevoit qu'ils par-
tent de la mesme teste, & qu'ils ont
esté exécutez par des principes,
lesquels estant infaillibles luy ont
fait imiter la Nature, avec
toute la fidelité, toute la fraiſcheur, toute la force, toute la
delicatesse, & toute la facilité
possible quoi qu'avec une tresgrande diversité. Et c'est principalement par le grand effet que
produisent ces principes, que l'on

reconnoiſt les Tableaux de Rubens, comme l'on reconnoiſt l'Ouvrage d'un excellent Orateur qui
auroit accoûtumé de joindre à de
bonnes raiſons l'artifice de les
mettre dans un beau jour.

Les Italiens diſent ordinairement, quand ils veulent terminer
une diſpute de préférence ſur quelques Ouvrages , qu'il n'y a
qu'à les mettre les uns auprés des autres. I'en dis autant
à ceux qui ſeront ſurpris du jugement que je fais de ce Cabinet : qu'ils y apportent des Tableaux de quelque aiſtre que
ce ſoit , & qu'ils en jugent
par comparaiſon. Et ſi aprés
ne s'eſtre pas rendus à mes rai-

ſons , ils refuſent encore de ſe
ſoumettre à cette épreuve , qu'ils
ne trouvent pas mauvais que
l'on ſoit convaincu de leur prévention.

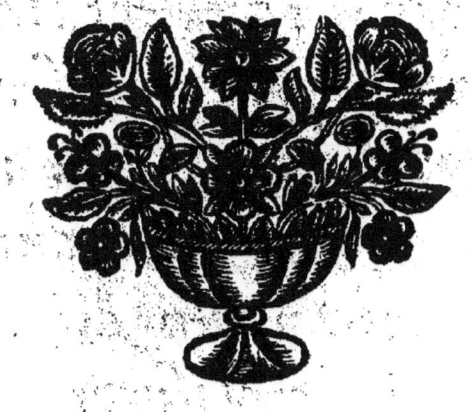

LA VIE

DE

RUBENS.

LA VIE
DE RUBENS.

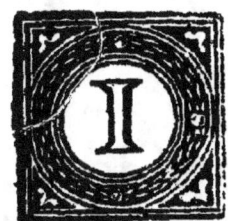L femble qu'il y ait
conteftation pour la
patrie de Rubens, com-
me il y en eut autre-
fois pour celle d'Homere. La
Ville d'Anvers fouffre avec peine qu'on luy difpute ce titre ; &
ceux qui ont écrit la Vie de cét
excellent homme, difent que ce
lieu eft celuy de fa naiffance.
Cependant la Ville de Cologne
fe vante & fe tient glorieufe de
luy avoir donné le jour ; l'une &
l'autre ont leurs raifons : mais
voicy la vérité des chofes qui re-

gardent Rubens; j'ay pris foin
de m'en inftruire avec exactitude,
& je les vais raconter en peu de
paroles, & avec beaucoup de fi-
délité.

Pierre Paul Rubens eut pour
pere Jean Rubens de la Ville
d'Anvers, qui joignit à la nobleffe de fa naiffance une vertu
folide & une érudition profonde, & qui ayant paffé fix années
dans les differens Eftats de l'I-
talie, pour fe former le gouft
aux bonnes chofes, & pour fe
fortifier le jugement, prit refolution de fe mettre dans la robe,
& s'eftant fait Docteur à Pa-
douë en Droict Civil & Canon,
il retourna en Flandre, où il
s'aquitta dignement de la charge de Confeiller dans le Sénat
d'Anvers. Il y avoit fix ans qu'il
fervoit heureufement le Public
en cét employ, lors que les guer-

res civiles l'obligérent de quitter sa Patrie, (dont il avoit si bien mérité dans l'administration de la chose publique) pour aller demeurer à Cologne, où son grand amour pour la vie tranquile l'avoit fait retirer, & y mener sa famille.

Ce fut là que nâquit nostre Pierre Paul Rubens en 1577. & qu'il apprit les élèmens de la Grammaire & des belles Lettres; ce qu'il fit avec tant d'inclination & de facilité, qu'en fort peu de tems il passa ses compagnons. Il s'avançoit ainsi, & faisoit des choses au dessus de son âge, quand la mort de son pére arriva en 1587. ce qui obligea sa mere de retourner à Anvers où Rubens acheva avec éloge (quoy que dans un âge assez tendre) le cours de ses études.

A peine eut-il quitté le Collé-

ge, que fa mére le donna à la
Doüairéire Comteffe de Lalain,
pour eftre un de fes pages : mais
n'ayant pû s'accommoder de la
vie qu'on meine d'ordinaire chez
les Grands, il n'y demeura que
tres-peu ; & ne pouvant plus re-
fifter au mouvement preffant de
fon génie, qui le portoit à l'a-
mour de la Peinture, il obtint de
fa mere, aprés avoir perdu par les
guerres la plus grande partie de
leurs biens, qu'il iroit apprendre
à deffiner chez un Peintre d'Anvers, appellé Adam Van-Noort.
Il y paffa quelques années à jet-
ter les premiers fondemens de fon
Art, & il le fit avec tant de fuc-
cés, qu'il fut aifé de connoiftre,
que l'intention de la nature en le
formant, avoit efté d'en faire un
grand Peintre.

Il paffa enfuite quatre ans
fous la difcipline d'Otho Venius,

Peintre de l'Archiduc Albert, &
l'Appelles pour lors de la nation
Flamande. La mesme inclination qu'ils avoient tous deux
pour les lettres, les ayant liez
d'amitié, ce Maistre n'oublia
rien de ce qu'il savoit pour en
faire part à son Disciple, il luy
découvrit librement tous les se-
crets de son Art, & luy apprit
sur tout, à disposer les Figures,
& à distribuer les lumieres avan-
tageusement. Enfin, l'ayant fort
avancé en peu de tems, & la re-
putation de cét illustre Disciple
estant venuë à tel point, qu'on
doutoit lequel estoit le plus habile de luy oude son Maistre, Rubens prit resolution de passer en
Italie, pour voir les plus beaux
Ouvrages des anciens & des mo-
dernes, pour méditer dessus,
pour les copier, & pour confor-
mer son pinceau à ce qu'il en

trouveroit de plus beau, & de plus approchant de la Nature.

Il partit le neuf de May de l'année 1600. & estant arrivé à Venise il se logea par hazard avec un Gentilhomme du Duc de Mantouë, & luy ayant fait voir quelques-uns de ses Ouvrages, ce Gentilhomme les montra en-suite au Duc son Maistre, qui ai-mant passionnément tous les beaux Arts, & principalement celuy de la Peinture, fit mille caresses à Rubens, luy promit son amitié, & l'engagea par tou-tes sortes de moyens à demeurer chez luy. Rubens prit volon-tiers ce party, étant ravi d'une si belle occasion de voir, d'exami-ner & d'étudier les Ouvrages de Jules Romain, de qui il avoit conceu une grande idée.

Pendant le tems que Rubens demeura à Mantouë, il receut

tant d'honneftetez du Duc, que durant fept années qu'il fut en Italie, il fit gloire de prendre la qualité de l'un de fes Gentils-hommes; & aprés avoir rendu fes affiduitez à ce Prince durant un tems confiderable, il alla à Rome, où il peignit trois Tableaux dans l'Eglife de Sainte Croix-en-Jerufalem, pour l'Archiduc Albert d'Autriche, qui avoit efté autrefois Cardinal du titre de cette Eglife, & qui y avoit fait reftaurer la Chapelle de fainte Héleine, où font ces trois Tableaux, dont celuy de l'Autel qui eft au milieu, répréfente la Sainte qui tient la Croix, & les autres des deux coftez, un couronnement d'épines, & un Crucifix.

Il fut envoyé peu de tems aprés en Efpagne par le Duc de Mantouë, pour préfenter au Roy

un magnifique caroffe, & fept
chevaux d'une beauté extraordinaire. Il ne fut pas plûtoft de retour de ce voyage, qu'il en fit
un autre à Venife, dans la penfée d'éxaminer à fond, & de
confiderer à loifir les belles chofes qu'il n'avoit fait que voir en
paffant, & dont le grand nombre en avoit effacé les efpéces de
fa mémoire; car il ne les avoit
regardées qu'autant de tems
qu'il en faut pour en concevoir
de l'eftime, & un defir ardent de
les revoir quelque jour, & de fa-
tisfaire plénement l'avidité qu'il
avoit d'apprendre. Et en effet,
il tira des Ouvrages du Titien,
de Paul Veronéfe, & du Tinto-
ret, tout le profit qu'on en peut
tirer, dont il embellit fa maniére.

Aprés s'eftre ainfi fortifié à Venife, en réfléchiffant fur les Ou-

vrages des bons Maiſtres, autant
qu'en les copiant, il retourna à
Rome, où il fut choiſi pour faire
les principaux Tableaux de l'E-
gliſe neuve des Péres de l'Oratoi-
re, qui venoit d'eſtre achevée,
l'un eſt au grand Autel, & les
deux autres aux coſtez. Il a peint
dans celuy du milieu la Vierge
qui tient l'Enfant Jeſus, & des
Anges tout autour en différentes
actions d'adorer. Les Tableaux
qui ſont aux coſtez répréſentent
pluſieurs Saints de bout, & entr'autres ſaint Gregoire Pape, &
ſaint Maurice en habit de ſoldat:
ces Figures ſont d'une grande
nobleſſe, & peintes dans le gouſt
de Paul Veronéſe: Les eſquiſſes
de ces trois Tableaux ſont aujourd'huy dans l'Abbaye de ſaint
Michel d'Anvers, où Rubens les
porta lors qu'il s'en retourna en
Flandre.

De toutes les Villes d'Italie où
Rubens a fait du séjour, Gennes
a esté celle où il s'est aresté davantage, soit qu'il en trouvast le
climat plus doux, soit qu'il en re-
ceust plus d'honnestetez qu'ailleurs, ou qu'enfin il y rencon-
trast des occasions avantageuses
de faire valoir ce qu'il avoit appris, & d'exercer les talens qu'il
avoit receus pour la Peinture:
car on y voit beaucoup de ses
Ouvrages, & ils y sont estimez
autant qu'en lieu du monde; la
pluspart des gens de qualité vou-
lurent avoir un morceau de sa
main, & l'Eglise du JESUS con-
serve chérement deux de ses Tableaux, dont l'un est une Circon-
sion, & l'autre un saint Ignace
qui guerit des malades.

Il y avoit sept ans que Rubens
estoit en Italie, lors que la nou-
velle d'une périlleuse maladie,

dont fa mére eſtoit atteinte, le fit retourner en Flandre : mais quoy qu'il euſt pris la poſte pour s'y rendre plûtoſt, il trouva fa mere morte.

Eſtant donc arrivé en ſon païs l'an 1609. & le bruit de ſon ſavoir & de ſon mérite s'y eſtant répandu, l'Archiduc Albert & l'Infante Iſabelle fa femme voulûrent avoir leurs Portraits de fa main; & de crainte qu'ils avoient qu'il ne s'en retournaſt en Italie, ils luy firent des préſens conſidérables, & l'engagérent par une penſion & par toutes fortes de maniéres honneſtes à demeurer auprés de leurs perſonnes. Se voyant ainſi arreſté par des liens ſi puiſſans, il crut qu'il eſtoit à propos de s'engager dans ceux du mariage : Il épouſa la fille de Jean de Brantes, Conſeiller du Sénat d'Anvers, & de Claire de

Moï, dont la sœur avoit épousé
Philippes Rubens son frere aîné,
Secretaire du Sénat & de la Ville
d'Anvers.

Les Princes qui composoient
pour lors la Cour de Bruxelles, firent tout ce qu'ils purent pour
obliger Rubens à y demeurer, à
cause du plaisir qu'ils trouvoient
dans sa conversation ; & quoy
qu'il eust beaucoup de peine à
leur resister, il fit tant neanmoins
qu'il obtint d'eux de s'établir à
Anvers, & d'y faire sa demeure
ordinaire, de peur que les affaires de Cour qui engagent insen-
siblement d'une chose à une autre, ne l'empeschassent de vaquer à ses études de Peinture, &
de s'acquerir dans cét Art toute
la perfection dont il se sentoit
capable.

Il acheta donc une grande maison dans la Ville d'Anvers, il la

rebaſtit à la Romaine, & en embellit les dedans, qu'il rendit
commodes pour un grand Peintre & pour un grand Amateur des
belles choſes. Cette maiſon eſtoit
accompagnée d'un jardin ſpa-
tieux, où il fit planter pour ſa
curioſité des arbres de toutes les
eſpeces qu'il peut recouvrer. Entre ſa court & ſon jardin, il a fait
baſtir une ſale de forme ronde
comme le Temple du Panteon
qui eſt à Rome, & dont le jour
n'entre que par le haut & par
une ſeule ouverture qui eſt le
centre du Dôme. Cette ſale eſtoit
pleine de Buſtes, de Statuës Antiques, de Tableaux précieux
qu'il avoit apportez d'Italie, &
d'autres choſes fort rares & fort
curieuſes. Tout y eſtoit par ordre & en ſimétrie; & c'eſt pour
cela que tout ce qui méritoit d'y
eſtre, n'y pouvant trouver place,

fervoit à orner d'autres cham-
bres dans les appartemens de fa
maifon.

Il avoit un fi grand amour pour
tout ce qui avoit le caractére de
l'antiquité, qu'il envoya acheter
par toute l'Italie une quantité
prodigieufe de Statuës, de Me-
dailles, & de pierres precieufes
gravées. Et c'eftoit à confidérer
ces belles chofes, qu'il paffoit le
tems qu'il avoit de repos.

Le Prince Albert avoit pour
Rubens une tendreffe toute particuliere, & voulut tenir fur les
fonds de Baptefme fon fils aîné
qu'il nomma de fon nom.

Aprés la mort de ce Prince, il
ne trouva pas moins d'accés dans
l'eftime & dans les bonnes graces
de la Princeffe fa veuve, & de
tous les plus grands de la Cour,
principalement du Marquis Spinola, qui fe faifoit un plaifir de

parler fouvent de Rubens, & qui avoit accoutumé de dire qu'il voyoit reluire tant de beaux talens dans l'ame de ce grand homme, qu'il croyoit qu'un des moins confiderables eftoit celuy de la Peinture.

C'eftoit environ ce tems-là que la Reyne Marie de Medicis faifoit bâtir fon Palais de Luxembourg, & que pour le rendre parfait de tout point, elle en voulut orner les deux Galeries des Ouvrages de Rubens, & luy faire peindre dans l'une fa vie, & dans l'autre les actions d'Henry IV. mais elle n'accomplit que la moitié de fon Deffein, car fon exil arriva dans le tems que Rubens travailloit à éternifer les grandes actions du Roy fon mari, ayant commencé par l'hiftoire de la vie de cette grande Reine, & ayant laiffé cét Ouvrage dans fa perfection, comme un monument éternel de sa science.

Pendant le séjour que Rubens fit à Paris où il estoit venu pour mettre ses Tableaux en place, & leur donner la derniére main (ce qui arriva en 1625.) il trouva par hasard en cette Ville le Duc de Bouquingan qui estoit en grande considération auprés du Roy d'Angleterre, & des Princes de la Cour de France. Ce Duc estoit informé du mérite de Rubens ; & comme il avoit à l'entretenir de choses d'importance, il le pria de faire son portrait. Ce Peintre s'en acquita parfaitement, & passa l'attente du Duc de toutes les maniéres. Aprés s'estre entretenus quelque tems, & qu'ils eurent lié ensemble une estroite amitié, le Duc luy fit confidence du chagrin que luy donnoient la mesintelligence & les guerres
qui

qui eſtoient entre les Couronnes
d'Eſpagne & d'Angleterre, & du
deſſein qu'il avoit de les aſſou-
pir.

Rubens eſtant de retour à Bruxelles, en communiqua à l'Infante qui luy ordonna d'entretenir
cette amitié avec le Duc le plus
ſoigneuſement qu'il pourroit : ce
qui luy reüſſit parfaitement, de
ſorte meſme que le Duc de Bouquingan, dans la penſée que Rubens alloit entrer dans les emplois, & que les grandes affaires
diminuëroient quelque choſe de
ce grand amour qu'il avoit pour
la Peinture, envoya peu de tems
aprés un de ſes Domeſtiques à
Anvers, luy offrir cent mille flo-
rins de ſes Antiques, & de la pluſ-
part de ſes Tableaux, avec ordre
de luy inſinuër tout ce qui pourroit le reſoudre à s'en defaire.
Rubens s'aperceut aiſément de

é

la paſſion que le Duc avoit pour
les belles choſes, & ſe laiſſa vain-
cre au deſir qu'il avoit de la ſatisfaire, à la charge neanmoins que
pour ſe conſoler de n'avoir plus
ſon cabinet, où il avoit mis toutes ſes affections, & qui luy avoit
couſté tant de ſoin, il feroit mou-
ler les figures de marbre dont il
ſe privoit, & qu'il rempliroit
ainſi les meſmes places qu'occu-
poient les Originaux. Quant aux
endroits où eſtoient les Tableaux
qu'il avoit vendus, il les orna de
ſes Ouvrages.

Cependant on meditoit la paix
dans les Cours d'Eſpagne &
d'Angleterre en 1628. dans le mê-
me tems que le Marquis Spinola qui avoit une parfaite connoiſſance du mérite de Rubens, crut
qu'il n'y avoit perſonne plus propre à la négocier. Il en parla à
l'infante qui aprouva fort cette

penfée, & qui envoya Rubens au Roy d'Efpagne avec commiffion expreffe d'y propofer des moyens de paix, & de recevoir fes inftructions. Le Roy fut fi content de luy, & le jugea telle-ment digne de l'employ pour le-quel on le luy avoit envoyé, qu'a-fin de donner plus d'éclat à fon mérite, il le fit fon Chevalier, & luy donna la Charge de Secre-taire de fon Confeil privé, dont il luy fit expédier des Lettres pour luy & pour fon fils Albert en furvivance.

Pendant le tems qu'il demeu-ra en Efpagne, le Roy luy fit fai-re les copies de quelques-uns des plus beaux Tableaux du Titien qui font à Madrid, & entr'autres de l'enlevement d'Europe, & du Bain de Diane, dans la penfée de faire un préfent des Originaux au Prince de Galles qui en avoit témoigné une grande envie. Ce Prince estoit à la Cour d'Espagne pour le mariage de l'Infante; mais comme cette affaire ne se conclut pas, les copies demeurerent à Madrid avec les Originaux.

L'année suivante Rubens retourna à Bruxelles rendre compte à l'Infante de ce qu'il avoit fait, & luy communiquer les propositions dont il estoit chargé de la part du Roy son neveu. Il passa ensuite en Angleterre avec les commissions du Roy Catholique & de l'Infante pour negocier cette grande affaire; où le Roy qui aimoit extrémement la Peinture, le receut à Londres avec des honneurs particuliers, & luy fit mille caresses. On nomma le Chancelier Cottington pour recevoir ses propositions, & pour les examiner. Aprés avoir conclu

la paix au defir des peuples, &
à la fatifaction des deux Roys, il
prit congé de celuy d'Angleterre
qui pour luy donner des marques de fa reconnoiffance avant
qu'il partift, le fit fon Chevalier
comme le Roy Catholique avoit
fait en Efpagne. Il ajouta à fes
armes un Canton chargé d'un
lion, & tira en plein Parlement
l'épée qu'il avoit à fon cofté pour
la donner à Rubens, auquel il fit
encore préfent d'un riche dia-
mant qu'il ofta de fon doigt, &
d'un cordon auffi de diamans de
la valeur de dix mille écus.

Rubens comblé de tous ces
honneurs, s'en eftant retourné
en Efpagne pour rendre compte
de fa négociation, fut receu dans
cette Cour avec tous les témoi-
gnages poffibles d'eftime, de con-
fiance & d'amitié. Le Roy le fit
un des Gentils-hommes de fa

Chambre, & l'honnora de la Clef d'or : & aprés avoir fait les Portraits de la famille Royale, leurs Majeſtez joignirent aux honneurs qu'elles luy avoient faits, des biens conſiderables.

Rubens ayant glorieuſement achevé ce grand Ouvrage de la Paix, & eſtant de retour à Anvers chargé d'honneurs & de biens, ſe maria en ſecondes noces en 1630. aprés quatre années de viduité, & épouſa Héleine Forment, âgée ſeulement de ſeize ans, & dont la beauté eſtoit extraordinaire. Il eut de cette femme cinq enfans, dont l'aîné eſt aujourd'huy Conſeiller au Parlement de Brabant.

Je ne m'arreſteray point à vous faire le détail de ſes Ouvrages, le nombre en eſt preſqu'infini, comme on le peut voir par la quantité prodigieuſe d'Eſtam-

pes gravées d'aprés luy. Je vous
diray feulement qu'outre les divers Tableaux qu'il a faits de
tous coftez, & pour toutes les
Cours de l'Europe, pour l'Empereur, pour les Roys d'Efpagne,
d'Angleterre & de Pologne, pour
les Ducs de Baviére & de Neubourg, & pour plufieurs autres
Princes, il a remply prefque toutes les Eglifes de Flandre de fes
Peintures, principalement celle
de Noftre-Dame d'Anvers, les
Eglifes des Premonftrez, des
Cordeliers, des Jacobins, des
Auguftins, & entr'autres celle
des Jéfuites dont il a peint mefme les platfonds. La Salle où
le Roy d'Angleterre donne au-
dience aux Ambaffadeurs eft
ornée de neuf grands Tableaux
de fa main : Ils reprefentent les
belles actions du Roy Jacques, &
comme il entra en Angleterre

aprés s'eftre affuré du Royaume
d'Efcoffe ; & en Efpagne dans le
Palais de la tour della Parada à
trois lieuës de Madrid , l'on void
quantité de Tableaux tirez des
Metamorphofes d'Ovide , dont
le Roy avoit fait prendre les mefures à Rubens dans le tems qu'il
eftoit à la Cour , pour y travailler à fa commodité , & lors qu'il
feroit arrivé dans fa maifon. Et
comme ces Tableaux font difpofez de maniére qu'il y a beaucoup de vuide entre deux, Sneï-
dre a peint dans ces efpaces des
jeux d'animaux.

Si c'eft vivre tranquillement
que de s'employer aux chofes
pour lefquelles la nature a donné des talens particuliers comme des affurances d'un bon fuc-
cés dans nos entreprifes, l'on
peut dire que Rubens menoit la
vie du monde la plus heureufe ;

il

il eſtoit né avec tous les avantages qui font un grand Peintre &
un grand Politique ; & s'il quittoit ſes emplois de Peinture où
il travailloit à Anvers avec un
amour & une facilité incroyables,
c'eſtoit pour aller à la Cour de
Bruxelles , où l'Infante l'appel-
loit ſouvent pour les affaires
d'Eſtat , qu'il tournoit autant
qu'il luy eſtoit poſſible au ſoula-
gement des peuples & au reſta-
bliſſement des beaux Arts. Et
comme la guerre que les Eſpa-
gnols avoient pour lors contre
les Holandois , eſtoit un grand
obſtacle à ces deux choſes , il ex-
poſa pluſieurs fois à l'Infante les
raiſons qui la devoient induire à
faire la paix : ce que la Princeſſe
ſouhaittant avec paſſion , elle
chargea Rubens d'en conduire
ſous-main la negotiation , laquelle ſe feroit conſommée faci-

lement par les foins de cét excellent homme, fi les envieux de fa
gloire n'en euffent détourné les
moyens.

Il traita plufieurs autres affaires
d'importance au nom de cette
Princeffe, principalement à Bruxelles avec la Reyne Marie de
Médicis, & Gafton de France
Duc d'Orleans, avec Uladiflas
Prince de Pologne, avec le Duc
de Neubourg, & d'autres Princes de l'Europe, defquels fon elo-
quence & fes autres belles qualitez luy avoient gagné l'affe-
ction.

Le talent qu'il avoit pour le
maniement des affaires les luy
rendoit faciles, & il en faifoit plûtoft un repos pour luy, qu'une
férieufe & penible occupation.
Et comme il ne quittoit la Peinture que pour les affaires, auffi
ne quittoit-il les affaires que

pour la Peinture, qui eftoit le plus puiffant charme de fon cœur.

Les vertus qu'il s'eftoit acquifes, & toutes les belles qualitez dont la nature l'avoit avantagé, le rendoient aimable à tout le monde. Il avoit la taille grande, le port majeftüeux, le tour du vifage reguliérement formé, les joües vermeilles, les cheveux châtains, les yeux brillans, mais d'un feu temperé, l'air riant, doux & honnefte. Son abord eftoit engageant, fon humeur commode, fa converfation aifée, fon efprit vif & pénétrant, fa maniére de parler pofée, & le ton de fa voix fort agréable; & tout cela le rendoit naturellement éloquent & perfüafif. En peignant il parloit fans peine; & fans quitter fon Ouvrage, il entretenoit facilement ceux qui le

venoient voir. La Reyne Marie
de Medicis prenoit un fi grand
plaifir en fa converfation, que
pendant tout le tems qu'il tra-
vailla aux deux Tableaux qu'il
a faits à Paris, de ceux qui font
dans la gallerie de Luxembourg,
fa Majefté eftoit toujours derriére luy, autant charmée de l'entendre difcourir que de le voir
peindre. Elle voulut un jour luy
faire voir fon cercle, afin qu'il
jugeaft de la beauté des Dames
de la Cour, & les ayant regardées toutes attentivement : Il
faut, dit-il, en montrant la plus
belle, que ce foit là Madame la
Princeffe de Guémené : ce l'eftoit
en effet ; & fur ce que M. Botru
luy demenda s'il la connoiffoit ; il
répondit, qu'il n'avoit jamais eu
l'honneur de la voir, & qu'il
n'en avoit parlé que fur le recit
qu'on luy avoit fait de la beauté

de cette Princeſſe. Il ne lioit
point d'amitié qu'avec des gens
de merite, & ne s'engageoit dans
la converſation qu'avec des perſonnes doctes & relevées qui le
venoient voir ſouvent pour diſ-
courir ou de Science ou de Politique.

Il entretenoit de grandes cor-
reſpondances avec pluſieurs Sei-
gneurs, principalement de la
Cour d'Eſpagne; avec le Duc
d'Olivarez Favori & premier
Miniſtre du Roy Catholique;
avec le Marquis de Leganez, le
Marquis Spinola, & pluſieurs
autres, ainſi qu'on le voit par les
lettres qu'on a trouvées parmi
ſes papiers, deſquelles la pluſ-
part ſont en chiffres, & que ſes
heritiers conſervent encore aujourd'huy.

Quoy-qu'il ſemblaſt y avoir
beaucoup de diſſipation dans ſa

vie, celle qu'il menoit eftoit neantmoins fort reglée : Il fe levoit tous les jours à quatre heures du matin, & fe faifoit une loy de commencer fa journée par entendre la Meffe, à moins qu'il n'en fût empefché par la goutte, dont il eftoit fort incommodé ; aprés quoy il fe mettoit à l'Ouvrage, ayant toujours auprés de luy un Lecteur qui eftoit à fes gages, & qui lifoit à haute voix quelque bon livre, mais ordinairement Plutarque, Tite-Live, ou Seneque.

Comme il fe plaifoit extrémement à l'ouvrage, il vivoit d'une maniére à pouvoir travailler facilement & fans incommoder fa fanté ; & c'eft pour cela qu'il mangeoit fort peu à difner, de peur que la vapeur des viandes ne l'empefchaft de s'appliquer, & que venant à s'appliquer, il n'empefchaft la digeftion des viandes. Il travailloit ainfi jufqu'à cinq heures du foir, qu'il montoit à cheval pour aller prendre l'air hors de la Ville ou fur les remparts, ou bien il faifoit quelqu'autre chofe pour fe delaffer l'efprit.

A fon retour de la promenade, il trouvoit ordinairement en fa maifon quelques-uns de fes amis qui venoient fouper avec luy, & qui contribuoient au plaifir de la table. Il avoit neantmoins une grande averfion pour les excés du vin & de la bonne chere, auffi bien que du jeu. Son plus grand plaifir eftoit de monter quelque beau cheval d'Efpagne, de lire quelque livre, ou de voir & de confiderer fes médailles, fes agates, fes cornalines & autres pierres gravées, dont il avoit un tres-beau recüeil, qui eft au-

jourd'huy dans le cabinet du Roy
d'Espagne. Comme il peignoit
tout d'aprés nature, & qu'il avoit
souvent occasion de peindre des
chevaux, il en avoit dans son
écurie des plus beaux & des plus
propres à peindre.

Quoy-qu'il fut fort attaché à
son Art, il ménageoit neanmoins
son tems de maniére, qu'il en
donnoit toujours quelque partie
à l'estude des belles lettres, c'est
à dire de l'Histoire & des Poëtes
Latins qu'il possedoit parfaitement, & dont la Langue luy estoit
fort familiére aussi bien que l'I-
talienne, comme on en peut juger par les observations manus-
crites qu'il a faites sur la Peinture, où il a rapporté quelques
endroits de Virgile & d'autres
Poëtes qui faisoient à son sujet.
De sorte qu'il ne faut pas s'é-
tonner s'il avoit tant d'abondan-

ce dans ſes penſées, tant de ri-
cheſſes dans ſes inventions, tant
d'érudition & de netteté dans
ſes Tableaux allégoriques, & s'il
dévelopoit ſi bien ſes ſujets n'y
faiſant entrer que les choſes qui
y eſtoient propres & particulié-
res ; d'où vient qu'ayant une parfaite connoiſſance de l'action
qu'il vouloit repreſenter, il y en-
troit plus avant & l'animoit davantage ; mais toujours dans le
caractére de la nature.

Il viſitoit rarement ſes amis ;
mais il recevoit ſi bien ceux qui
le venoient voir, qu'outre tous
les Curieux & les perſonnes de
lettres, il ne paſſoit point d'é-
tranger par la Ville d'Anvers de
quelque qualité qu'il fuſt qui
n'allaſt chez luy, autant pour ſa
perſonne que pour voir ſon cabinet, qui étoit un des plus beaux de
l'Europe. Le Prince Sigiſmond

de Pologne entr'autres, & l'Infante Ifabelle, luy firent cét honneur
en revenant du fiége de Breda.

S'il faifoit peu de vifites, il
avoit fes raifons pour cela ;
mais il n'en avoit jamais pour fe
difpenfer d'aller voir les Ouvrages des Peintres qui l'en avoient
prié, aufquels il difoit fon fentiment avec une bonté de pére,
prenant quelquefois la peine de
retoucher leurs Tableaux.

Il ne blâmoit jamais aucun Ouvrage, & trouvoit du beau dans
toutes les maniéres. Quoy-qu'il
eût deffiné & copié beaucoup de
chofes en Italie & ailleurs, & qu'il
eût un grand nombre de belles
Eftampes & de Médailles Antiques, il ne laiffoit pas d'entretenir de jeunes-hommes à Rome &
dans la Lombardie, qui luy def-
finoient tout ce qu'il y avoit de
plus beau, dont il fe fervoit en-

suite selon l'occasion pour exciter sa veine & pour échauffer
son génie.

Ayant fait dessein sur ses der-
niéres années de chercher dans
la vie une tranquillité plus grande encore que celle dont il
joüissoit, il acheta la terre de
Steen, située entre Bruxelles &
Malines, où il se retiroit quelquefois en solitude, & où il se
plaisoit à peindre des païsages
d'aprés le Naturel, l'assiette de
ce païs estant agréable & meslée
de prairies & de montagnes.

Ce n'est point assez d'avoir
une simple pratique pour étudier de la maniére qu'il a fait en
Italie, il faut encore estre savant
& capable d'une profonde spé-
culation, ayant accompagné
quantité de dessins qu'il a faits
à la plume, de raisonnemens
& de citations d'Auteurs. J'en

ay veu un Livre de ſa main de
cette maniére, où les démon_
ſtrations & les diſcours eſtoient
enſemble. Il y avoit des obſer-
vations ſur l'Optique, ſur les
lumiéres & les ombres, ſur les
proportions, ſur l'Anatomie &
ſur l'Architecture, avec une recherche tres_curieuſe des principales paſſions de l'ame, & des
actions tirées de quelques deſ-
criptions qu'en ont fait les Poëtes, avec des démonſtrations à
la plume d'aprés les meilleurs
Maiſtres, & principalement d'a-
prés Raphaël, pour faire valoir
la Peinture des uns par la Poëſie des autres (ſoit que ces habiles Peintres euſſent travaillé
par principe, ou ſeulement par
la bonté de leur génie.) Il y a
des batailles, des tempeſtes, des
jeux, des amours, des ſupplices,
des morts différentes, & d'au-

tres semblables passions & évé-
nemens, dont il s'en voyoit aussi
quelques-uns qu'il avoit dessinez
d'aprés l'Antique.

Il avoit une si grande habitude dans toutes les parties de son
Art, qu'il avoit aussi-tost peint
que dessiné ; d'où vient que l'on
voit presqu'autant de petits Tableaux de sa main qu'il en a
faits de grands, dont ils sont
les premieres pensées & les Esquisses : Et de ces Esquisses il y
en a de fort legers & d'autres
assez finis, selon qu'il possedoit
plus ou moins ce qu'il avoit à
faire, ou qu'il estoit en humeur
de travailler. Il y en a mesme
qui luy servoient comme d'O-
riginal, & où il avoit étudié d'a-
prés Nature les objets qu'il devoit representer dans le grand
Ouvrage, où il changeoit seulement selon qu'il le trouvoit à

propos. Aprés cela ne soyez pas
estonné du nombre presque infini de ses Tableaux, & si je vous
dis que nonostant les grandes
affaires ausquelles il estoit obligé de vaquer, jamais Peintre n'a
produit tant d'Ouvrages. Nous
en voyons la plus grande partie
en Estampes, dont les meilleures ont esté gravées sous sa con-
duite par Paul du Pont, Luc
Wostremans, Bolsvert & Pie-
tre de Jode tous quatre excel-
lens Ouvriers.

Enfin, aprés avoir vescu si uti-
lement pour son Prince & pour
sa patrie, & si glorieusement
pour luy-mesme, il mourut en
1640. âgé de 64 ans, & fut en-
terré à l'Eglise saint Jacques
d'Anvers, dans laquelle sa veuve
& ses enfans ont fait bastir en
sa memoire une Chapelle où ils
ont fait mettre cette Epitaphe.

D. · O. · M.

Petrus Paulus Rubenius Eques,
Joannis hujus urbis Senatoris
filius , Steini Toparcha
H. S. E.

Qui inter cateras , quibus ad miraculum ,
Excelluit doctrina Historia prisca
Omniumque bonarū Artiū & Elegantiarū dotes,
Non sui tantum saculi ,
Sed & omnis avi ,
Appelles dici meruit ;
Atque ad Regum Principumque virorū amicitias
Gradum sibi fecit.
A Philippo IV. Hispanniarum Indiarumque Rege
Inter sanctioris Consilii scribas adscitus ;
Et ad Carolum Magna Britannia Regem ,
Anno CIↃ. IↃC. XXIX. delegatus
Pacis inter eosdem Principes mox inita
Fundamenta faliciter posuit

Obiit anno sal. CIↃ. IↃC. XL. Ætatis LXIV.

Domina Helena Formentia vidua ac Liberi ,
Sacellum hoc Aramque ac Tabulam Deipar
cultui consecratam , Memoria Rubeniana
L. M. poni dedicarique curarunt.

R. · I. · P.

www.ingramcontent.com/pod-product-compliance
Lightning Source LLC
Chambersburg PA
CBHW071539220526
45469CB00003B/847